中学の学級開き

黄金のスタートを切る3日間の準備ネタ

編著 長谷川博之

まえがき

　我が師匠、向山洋一氏の著作に次の文言がある。
> 学級を組織するには、少なくとも次のことをしなければならない。
> 1　何をするのか明確にする。
> 2　誰がするのか明確にする。
> 3　最終責任者を決める。

　数行後に次の言葉が続く。
> 　この場合、大切なことは、何かというと、始業式からできる限り早い時期に組織するということである。
> 　遅くても1週間以内、できれば3日間で組織してしまうことである。
> 　これは、どれだけ強調しても強調しすぎることはない。
> 　初めて出会った子どもたち、緊張して静かである。新しい担任、新しい学年に期待もしている。
> 　この時なら、担任のいうことを素直に聞く。この間に、組織してしまうのだ。

　この主張とその後に為された具体策の提案が、数え切れない教師を救った。毎年毎年、全国の教室で実践され、その重要性と実効性が確かめられている。
　12年間連続、全国1000会場で、毎年3万人以上の教師の参加を得て開催されている「TOSS教え方セミナー」でも、何百回と扱われている。
　しかし、である。
　書籍やセミナー等の学びの機会に恵まれず、このような最善手を知らずして、年度当初の大切な時間を漫然と過ごしてしまう教師もまた後を絶たない。
　知っていて為さないのは自由意思である。だが、知らずにできないのは、もったいない。子どもたちのために良い学級をつくりたいとの願いは抱いていても、指導内容と指導方法を知らずに過ごしている人がいる。
　そこで、そういった方々にアプローチするために、本書を著した。
　良い学級をつくるために、まず為すべきを一言で言うならば、「黄金の三日間」に学級を組織することである。

学級を組織するとはまず、しくみとルールを打ち立てることである。
　学級にしくみとルールを打ち立てるからこそ、生徒の生活は安定する。
しくみとルールは判断基準なのである。
　それらが確立されていなければ、適応しようにも寄る辺がない。寄る辺がないから、場当たり的かつご都合主義の判断が増え、不適応行動が続出することになる。

4月半ば、ルールを巡って混乱が生じる。当たり前のことができなくなり始める。
　5月、指示が通りにくくなり、教師は大声を出して咽喉を嗄らす。
　6月には授業中の私語、勝手な席替え、手紙回し等が横行する。
　10月になっても、1月になっても、学級集団形成は一向に進まず、年度初めの混沌・緊張状態が解散まで続く。

> 学級集団形成が進まなければ、個の伸びも限定される。

　鍋蓋型の、教師対生徒の構図から抜け出せない。
　生徒個々の伸びがあり、場面ごとにリーダーとフォロワーが育てば、生徒集団は立体化する。学級集団が良い意味での多重ピラミッド構造となる。
　しかし、集団形成が進まない学級では生徒集団がいつまでもフラットなままであり、常に教師が指示を出し、注意しなければ動かない状態が続く。
　一から十まで指導が必要なため、教師は早晩疲弊する。
　結局、解散時に「この1年はなんだったのか」とため息をつくこととなる。
　担任として、寂しさ、悲しさ、情けなさに苛まれる。
　そのような事態は、教師にとっても生徒にとっても不幸である。
　本書は、そのような不幸を予防し、幸せな学級生活を創り出すために、「黄金の三日間」に何をどう為すべきかを明らかにする書籍である。
　志を同じくする仲間と共に、「黄金の三日間」に為すべき仕事のうちスタンダードな事柄をピックアップし、執筆した。実践され、ぜひご批正いただきたい。
　現在では、「黄金の三日間」の生徒の素直さや良い意味での緊張感が無い現場に赴任しても一定水準の仕事をできるようになった私も、若き頃は本書で扱われているような教育内容と教育方法を一つひとつ学び、身につける修業を重ねていた。
　その修業があればこそ今の自分があると断言できる。基本が身についていればこそ、生徒の実態に合わせたカスタマイズが可能となる。
　何事も、まずは基本の習得なのだ。型を学び、それが板について、様になる。「カタ・イタ・サマ」の修業を、ぜひご一緒したい。
　最後になりますが、今回もまた執筆の機会をくださった学芸みらい社青木誠一郎社長と、編集を担当してくださった樋口雅子氏、そして常に我が国の教育を思い、温かくも厳しい指導をくださる向山洋一師匠に心から感謝を申し上げます。

　　　2016年新春　NPO法人埼玉教育技術研究所代表理事　長谷川博之

目次

まえがき ……2

第1章　黄金の三日間が学級の1年間を規定する

限られた時間でなすべきをなすための準備メニュー

1. 担任となったらまず学ぶべき「黄金の三日間」……8
2. 黄金の三日間準備その1　成功する出会いの演出……8
3. 黄金の三日間準備その2　成功する「準備物」……9
4. 黄金の三日間準備その3　成功する「しくみ・ルール」……12
5. 年度当初の三日間でルールとしくみを構築する【実践例1】……13
6. 持ち上がりの場合は「自治的集団」づくりを心する【実践例2】……15

第2章　「黄金の三日間」事前準備──学級ルールをこうシミュレート

1. 子どもの名前を覚える〜出会いの初日までに名前を覚える5つの方策〜……18
2. 教室環境を構造化する〜意図的な学級経営で学級開きを迎える〜……20
3. 学級のルールを決める①　学級の組織〜リーダーを育てる学級の「しくみ」と「ルール」〜……22
4. 学級のルールを決める②　係当番活動〜係と当番を分けて考えよう〜……24
5. 学級のルールを決める③　給食のシステム〜教師が主導権を握る〜……26
6. 学級のルールを決める④　掃除のシステム〜スムーズに動けるシステムを作り、生徒を褒める〜……28
7. 学級のルールを決める⑤〜朝の会・帰りの会のメニュー〜……30
8. 校務の進め方〜何事にも前向きな姿勢が、良い結果をもたらす〜……32

第3章　始業式前日！　学級開き前日はここを最終チェック

1. 生徒が使う教室のチェック〜まずは環境を整えよう〜……34

2	呼名の練習〜名前を覚えて、生徒の信頼を勝ち取る〜	36
3	最初の学級通信を書く〜出会いを演出するツールである〜	38
4	１日の流れの確認〜時程表の作成〜	40
5	語りの練習〜人に見てもらおう〜	42
6	要配慮生徒の確認〜良いスタートを切るために確認する〜	44
7	学級の最終イメージを持つ〜卒業式を最終ゴールとする４つの手立て〜	46

第４章　「黄金の三日間」の流れをこうデザインする！

1	黄金の１日目　中１　生徒のやる気を高めるスタート〜最高の出会いにする〜	48
2	学年別黄金の三日間　中２の１日目〜先輩としての在り方を示す〜	50
3	黄金の１日目　中３〜最上級生のあるべき姿を引きだす〜	52
4	黄金の２日目　中１　学級のシステムを教える〜見通しを持てるようにする〜	54
5	学年別黄金の三日間　中２の２日目〜新たなシステムを確立する〜	56
6	黄金の２日目　中３〜受験を意識させる〜	58
7	黄金の３日目　中１　褒めて動かす〜教師が見本を示し、一つ一つ教える〜	60
8	学年別黄金の三日間　中２の３日目〜システムのチェック機能を働かせる〜	62
9	黄金の３日目　中３〜自分達で学校を作る意識を持たせる〜	64

第５章　隙間時間でできる「黄金の三日間」ゲーム・オススメ教材

1	五色百人一首〜国語だけではもったいない〜	66
2	ペーパーチャレラン〜柔軟な発想力を育て、学級集団づくりの土台となる教材〜	68
3	「ふれあい囲碁」〜教室に熱中状態を生み出すスグレモノ〜	70
4	「五色名句百選かるた」〜百人一首は敷居が高いというあなたへ〜	72
5	名前ビンゴ〜隙間時間を有効活用！〜	74
6	口に二画の授業〜授業開きの鉄板ネタ！〜	76

目次

7　プリンをねらえ〜中学生用にカスタマイズ〜 78
8　じゃんけんゲーム〜次々と変化させて巻き込む〜 80
9　暗唱詩文集〜達成感を持たせ、自信と意欲を育む教材〜 82

第6章　学級開きスタート──最高の1年に！ 担任がすること

1　最高のスタートを切る　学級開きのポイント場面〜黒板メッセージ〜 84
2　出会いの場面〜褒めるための布石を打つ〜 86
3　提出物の回収の仕方〜エラーを生まないためのひと工夫〜 88
4　最初に生徒を褒める場面〜やんちゃ君とのつきあい方〜 90
5　生徒の自己紹介〜指示したことは、やらせきる〜 92
6　所信表明〜生徒の目を見て断言する〜 94
7　保護者への挨拶の仕方〜リップサービスでなく、決意を語る〜 96
8　最初の学級通信に書くこと〜願いをストレートに伝えたい〜 98
9　係活動の決め方〜居場所づくりの一方策〜 100
10　委員会活動の決め方〜委員会の目的を確認し、立候補で決定する〜 102
11　学級目標の決め方①〜全員で決め、目標を意識させる〜 104
12　学級目標の決め方②〜学級訓で学級の方向性を決める〜 106
13　教科書の配り方〜無償配布の意味を語ろう〜 108

第7章　「黄金の三日間」で生徒に語ろう「この話」──追試可能な語り集

1　しつけの三原則〜エピソードで語ろう〜 110
2　勉強することの意義〜手をかえ品をかえ語るべきテーマ〜 112
3　いじめの話〜「陰口」をさせない語り〜 114
4　成長曲線〜ブレークスルーまで継続させよう〜 116
5　続けることの大切さ〜語ったあとのフォローが大切〜 118

第8章 「黄金の三日間」で生徒があげるアドバルーンへの対応策

1　生徒手帳を使った指導の実際～手帳の意義と違反時の対応～ ……… 120
2　教師の指示に従わない生徒への対応～なぜ従わないのか考える～ ……… 122
3　何度も前年度のことを持ち出す生徒への対応～なぜ変えるのかを語り、納得させる～ ……… 124
4　私語が止まらない生徒への対応～聞かせるために話を工夫しよう～ ……… 126
5　初日にいきなり遅刻してきた～理由により対応は変わる～ ……… 128
6　ケンカを起こした生徒への対応～「どうすればよかったか」で未来につなげる～ ……… 130
7　服装が乱れている生徒への対応～直すまで教えつづけよう～ ……… 132
8　ガラスを割ってしまった生徒への対応～学級のルールを確認し、対応を統一する～ ……… 134
9　「やれないのか」「やらないのか」を見極める～やれない生徒には方法を教えよう～ ……… 136
10　規則違反の頭髪で登校した生徒への対応～防止と即時対応～ ……… 138

第9章 最初の授業を10倍に！「授業開きのネタ」

1　数学～難しい数学をシンプルに、楽しく教える～ ……… 140
2　理科～理由を考えさせる実験から始める～ ……… 144
3　社会～楽しい活動を通して、授業で大切にしたいことを伝える～ ……… 148
4　英語～黄金の三日間で1年間の動きを教える～ ……… 152
5　保健体育～1年間のシステムと、心構えを確立する～ ……… 156

第10章 荒れた学校の「黄金の三日間」──生徒に見られている担任の行為

この事前準備が3日間の成功を決める（Q1～32＆A） ……… 160

黄金の三日間までの準備チェックリスト ……… 177

第1章 黄金の三日間が学級の1年間を規定する

限られた時間でなすべきをなすための準備メニュー

長谷川博之

1．担任となったらまず学ぶべき「黄金の三日間」

　年度当初の3日間に学級のしくみとルールを打ち立てる。学級を組織する。その意義と方法論とを、若き頃、向山洋一氏の文章で知った。

　以来毎年、「黄金の三日間を成功させる仕事」を追究し続けている。

　学級をどう組織するか。大学の教員養成課程ではまったく扱われなかったテーマだ。

　私は新卒で中2担任となった。初任者研修が始まるのは4月下旬。自ら学ばなければ、何も知らない状態で学級を運営していかなければならない。

　幸運にも、私は学生時代から組織を運営する経験を積んできた。それゆえ、指導の原理原則を知らずとも学級は荒れなかった（だからと言って質が高かったわけではまったくない）。

　そのような経験のない新卒教師は、学級を荒らしていった。

　毎年3〜5月に新卒1年目から5年目の教師を主たる対象にしたセミナーを十数年間にわたって開き、延べ1万人の若き教師達と接してきた私のもとには、その事実が山とある。朝、布団から出られなくなった人、辞表を胸ポケットに入れたままセミナーに参加した人、「交通事故を起こして入院すれば学校に行かなくて済む」とまで思い詰めた人。多くの教師が苦しんでいた。

> そんな彼らが立ち直るきっかけとなったことは、いつ、何をどのようにすればよいのかという具体的な助言であった。

　出会いの3日間で学級を組織する。

　これを知って以降今日に至るまで、私は原則どおりに実践を重ねている。年によっては、出会いの瞬間から生徒指導が頻発する経験もした。だが、原則を知っていればこそ、生徒の実態に合わせて臨機応変にカスタマイズし、1週間で学級を落ち着かせ、機能させることもできた。

　黄金の三日間の成功は「高段の芸」ではない。知り、学び、準備すれば誰にでもできる。

2．黄金の三日間準備その1　成功する出会いの演出

　中学1年生を担任することが分かると、私は必ず小学校に出向く。

次のものを入手するためである。

> 卒業アルバム

　これで新入生全員の顔と名前を覚える。春休み中、全国各地へ学びに出向くが、その移動時間を使って覚えるのである。
　このくらいは多くの教師がしていると思う。だが、これだけでは足りない。
　私はこれも手に入れる。

> 卒業文集

　卒業文集には様々な作り方があろうが、一般には顔写真があり（アルバムとは違い、打ち解けたものである）、その子の文章（多くの場合、「将来の夢」である）があり、そして、保護者の一言（願いなど）が書かれている。
　私はこれらもすべて覚える。学年全員分、顔と名前を一致させる。文章を覚える。保護者の願いを把握する。なぜ必要なのか。

> 出会いの瞬間に名前を呼んで褒めるためである。

　私は毎年学校の昇降口で生徒を出迎える。顔を見た瞬間に、声をかける。
「A君おはよう。到着第一位だよ」
「Bさん、Cさんおはよう。（おはようございます）笑顔でよい挨拶だね」
　これをして損をしたことは一度もない。逆である。
「なんで名前を知っているんですか！」
「先生、すごい！」
　生徒は必ず喜ぶ。また、「今までの先生とは一味違う」などと日記に綴ってくる生徒もいる。
　出会いの瞬間が勝負なのである。
　最初が駄目だと、取り戻すのに膨大なエネルギーと時間がかかるものだ。それが人間関係だ。
　だからこそ、出会いの瞬間に備えて、万全の準備をするのである。

3．黄金の三日間準備その2　成功する「準備物」

　1冊のノートを用意する。A4判が良い。
　それに、まずは学年生徒の名簿と個々の生徒のデータを貼る。個別の指導計画（IEP）等が作成されている場合も縮小して貼る。
　次に、『教育トークライン』（東京教育技術研究所）の4月号を用意する。可能な限りバックナンバーも入手する。『向山洋一全集』や『学級を組織す

る法則』等も必読だ。パラパラとめくり、目に付いた論文に付箋を貼る。コピーを取る。そして、ノートに貼る。

次いで、勤務校の黄金の三日間の日程をコピーし貼る。学校、学年で共通に進めるべき時間と事項について確認し、書き込む。

その後、

> 学級で使える時間がいつ、どれだけあるのかを明らかにする。

これを明らかにするから、教室開きの計画を具体的に立てられる。ここまでが第一段階だ。

次に、チェックリストを作る。私は次のようなリストを作った。

（1）公簿・必要書類
☐指導要録を作成する
☐学年・学級名簿を確認する
　特に順番と読み仮名をチェックする
☐氏名印を名簿順に整理する
☐家庭調査表を名簿順に整理する
☐保健調査表を名簿順に整理する
☐緊急連絡カードを名簿順に整理する
☐学年費の集金袋を作成する
☐学級名簿を数枚コピーする
☐出席簿を作成する
☐週案簿を作成する
☐緊急連絡網を作成する
☐年間計画を数枚縮小コピーする
☐学年の共通理解事項を確認する
　学年目標や班編成、清掃場所等
☐学級通信創刊号を作成する
☐配布物のチェックリストを作成する
☐生徒観察記録ノートを作成する

（2）教室環境・備品
☐隅々まで掃除する

- ☐教卓や机を配置する
- ☐机の数を確認し、天板を拭く
- ☐掃除用具の状態と数を確認する
- ☐画鋲・磁石・テープを準備する
- ☐ロッカーの数と割り振りを確認する
- ☐掲示物の計画を準備する
- ☐学級文庫に本や辞書をドカッと置く（100冊から200冊程度）
- ☐黒板に座席順を記す
- ☐黒板に日程と、担任が来室するまでに為すべきことを記す

 プラス、以下の物を準備する。

- ☐大中小のネームシール（生徒の名前を書き、机・椅子・ロッカー・靴箱に貼る）
- ☐マジックや色画用紙
- ☐貸出用鉛筆2ダース
- ☐貸出用赤鉛筆2ダース
- ☐貸出用消しゴム10個
- ☐貸出用下敷き10枚
- ☐貸出用ミニ定規10本
- ☐貸出用ネームペン10本
- ☐貸出用のり10本
- ☐貸出用ハサミ10本
- ☐生徒用ネームマグネット
- ☐原稿用紙200枚
- ☐花瓶3個と生花
- ☐ティッシュボックス10個
- ☐五色百人一首（東京教育技術研究所）
- ☐名句百選かるた（角川学芸出版）
- ☐ペーパーチャレラン（書籍、冊子等）
- ☐ふれあい囲碁（ふれあい囲碁ネットワーク）

 こういった先行実践に学び、オリジナルの工夫を加えていけばよい。

4．黄金の三日間準備その3　成功する「しくみ・ルール」

以下について、
「生徒に語る言葉で」ノートに綴る。

- □自己紹介の中身
- □入学式までにしておくこと
- □入学式後の学活ですること
- □2日目の学活ですること
- □3日目の学活ですること
- □欠席者への連絡のルール
- □トイレ使用のルール（特に授業中に行きたくなった場合について）
- □体調が悪くなった時の対処法（保健室の使い方も含む）
- □学級目標の決め方
- □方針演説の中身
- □委員会や当番の決め方
- □一人一当番のシステム
- □日直のシステム
- □給食のシステム
- □掃除のシステム
- □休み時間のルール
- □朝の会の次第
- □帰りの会の次第
- □席替えのルール
- □掲示物のルール
- □日記・生活記録他提出物のルール
- □筆箱に必ず入れておく物のルール
- □忘れ物をした時の対処法
- □道具の貸し借りのルール
- □授業のルール（手の挙げ方、返事の仕方、発表の仕方、ノートの見せ方、黒板の使い方等）

　これらにその時々で必要な物やルールを書き加えれば、オリジナルのノートができる。それを年々バージョンアップさせていけばよい。授業ノートも

同じ形で１冊作る。

5. 年度当初の３日間でルールとしくみを構築する【実践例１】

　新年度最初の３日間がその後の１年間を左右する重要な時間であることを、私は向山洋一氏から学んだ。以来、十数年間、向山型で黄金の三日間を成功させてきた。向山型指導は生徒指導推進モデル校に認定された中学校現場でも存分に効果を発揮する。私はその生き証人である。

　2013年４月１日、娘の入院に伴い、病院と学校を往復する生活が始まった。２週間以上の長丁場であった。

　４月１日の会議には出席したものの、以降は検査の付き添い等のため時間休を取らざるを得ない状況であり、「黄金の三日間の準備」をする余裕はなかった。

　それでも、蓋を開けてみれば、学級開きは大成功であった。１、２年と週３～４時間の国語授業のみの付き合いであった生徒達を、中３で突然担任することになったにもかかわらず、である。

　飛び込み担任かつ準備もできずして大事を成功裡に終えられた秘訣は一つ。向山実践を追試したからである。

　４月８日、始業式と入学式後に20分間の学活があった。宿題等の提出物は朝のうちに配膳台の上に提出させておいたが、配布物がなんとも多かった。この日は自己紹介と所信表明を短くし、翌日の連絡をして終えた。想定内である。

　翌９日。学活が４時間特設された。ここで学級を組織する。

　１時間目、まずは「ルールの総ざらいと仮決定」を行った。複数の学級の生徒が集まる。それぞれでルールが違ったはずである。それを調整するのである。

　朝の登校から放課後までの生活をイメージさせ、場面ごとにルールを出させては統一していった。意見の分かれた部分は私の責任で「そこはこうするが、よいか」と整理していった。「変更の必要が生じたらその都度改めていく」と伝え、ルール作りを終えた。15分弱かかった。

　次に、当番活動と係活動の違いを教えた。向山氏の趣意説明をトレースし、そして、「中学生ならばたとえ担任が１週間不在となっても、滞りなく安心・安全に生活することができることが大事だ。学級の組織とは君達が自主

自立の生活を送るためのしくみなのだ」と教える。

　こうして「何をするか」を明確にした後は、「誰がするのか」を明らかにする。担当者の決定もまた向山型。立候補じゃんけんである。その趣旨も説明した上で決めた。その時の板書が次である。

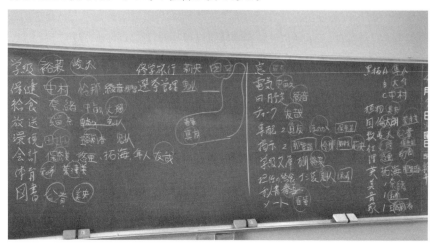

　過去２年間の私の授業に慣れているせいか、方針演説も指名なしで次々と進んだ。委員会まで決めて10分とかからなかった。大いに褒め、各活動のチェック促進機能としての日直の仕事を教えた。そして、生活班の編成までした。学校の規定により最初は名簿順の座席でスタートする。その座席を６人ずつの班に区切り、班長以下の担当を決めさせたのである。清掃担当場所や給食当番の順番等もここで確認しておく。

　２時間目は係活動である。過去２年間、どの学級もこの活動には取り組んでいない。よって、趣意説明を行った。企画書の書き方も教えた。そこまでしてから活動内容の検討をさせた。７分ほどして指名なしで発表させると、６つの係の立ち上げが宣言された。企画書を書く時間を取った。生徒は大いに熱中した。

　３時間目冒頭、係活動立ち上げを決める学級会を開いた。休み時間のうちに企画書を印刷、配布しておき、学級委員には私の司会を見て学ぶように告げて、である。各係からの提案に対して質問や意見も活発に出、結果として５つが承認された。否決された係の生徒達は早速次の活動を模索していた。この係活動が後々学級を美しく彩ることになる。

　以上で黄金の三日間で決めるべき学級のルールとしくみとが決まった。所

要時間2時間。向山型は明快ゆえ決めるべきことが次々決まる。

3時間目には6月に行く修学旅行の「班編成の方法」を討議し、実際に編成まで行った。残りの時間と4時間目で必要な学級掲示を討議し、作成した。

3日目はもちろん、全員参加、全員熱中の授業を連発した。

> 学級の組織を構築した後は、授業で成功体験を積ませることに力を注ぐのが定石だ。

生徒の日記には、3日間の密度と速度に驚く声が綴られていた。

6. 持ち上がりの場合は「自治的集団」づくりを心する【実践例2】

持ち上がりの場合、指導の手を離していくことが大切だ。2年間持ち上げた学級の、黄金の三日間の様子を日記風に、おおまかに記す。

(1) 黄金1日目

病休の1名を除き学年全員を出席させることができた。春休みから様々な手立てを取っておいたことが、功を奏した。始業式、入学式ともに、2、3年の「暴走」しがちな生徒にずっと関わった。

終了後、新任の校長が言った。「前から見ていて、2、3年生の動きがほとんど気にならなかった」。それはそうだ。息を抜かせたり、集中させたり、気分を紛らわしたり、見通しを持たせたり、励ましたりと、スタートから問題を起こさぬように1時間半ずっと関わっていたのだから。

初学活ではこう話した。
「去年まで〇〇先生が担当していた生徒指導主任を、今年は私が担当する。問題が起きればその場に直行することになる。不登校対策も私が担当する。朝や日中、放課後、学校を出て迎えに行くこともする。必然的に、この教室で過ごせる時間が少なくなる」

> 「必要なことは過去２年間に教えてきた。君達ならばもう、自分達で進めていける。日常生活では私を必要としない集団となりなさい。もちろん何かあって私の力が必要となれば、いつでも智恵と手を貸すから」

中３。自律、自立が最終目的である。
手を離して行かなくてはならない。

> 教師は「相談役」として生徒の活動を見守り、必要に応じて生徒のレファレンスに対応する。相談事には選択肢を示し、生徒に自己決定させる。そうやって、教師を必要としない人間を育てていく。

それが中３担任の仕事である。これを初日に宣言できるだけの仕事を、入学時から積み上げることがきわめて重要である。

> 中１の１年間で「教えて褒める」を積み重ね、中２から徐々に手を離していく。

手を離すとは、関わらないということではない。生徒が自分で考え動き始めるのを、見守りながら待つことである。自分が前に出て指示を出した方が短時間でスムーズに行くことでも、じっと待つ。そしてタイミングを見計らって、動いたことを評価し、次の行動を示唆する。それを全体に個別に、何十何百と行うのである。

学級集団形成が進み、生徒の多くが自主・自発的に動けるように育っているからこそ、特別支援を要する生徒に深く関わっていける。

中学において、特別支援を要する子は非行組と不登校組に分かれていく。それを食い止め、彼らを本道に立ち戻らせる活動にエネルギーを注げる。

（２）黄金２日目

17時46分に初めて、「一息」ついた。
一校時、全校集会。生徒指導主任として「生活のきまり」を話し、「相談室の利用の仕方」を話す。また、特活主任として「離任式での、転退職者への感謝の手紙と花束贈呈の立候補」について連絡する。

二校時、学活。学級のしくみづくり。委員会決めで、涙のドラマが起きる。まさかこの子が、と周囲が思い込んでいるような生徒達が学級委員等に次々立候補し、堂々と所信表明演説を行ったのだ。
　三校時、学活。全校課題の作文を書かせた。
　四校時、学活。生徒による掲示物作成と係の立ち上げを行った。
　五校時は選択教科のガイダンスと修学旅行のガイダンスを実施した。
　清掃と帰りの会を済ませ、月曜日に行う新入生オリエンテーションの資料綴じ込みとリハーサルを体育館で行う。ダッシュで戻って学年会に参加する。修学旅行のあれこれを議論した。
　終了後はダッシュで校庭へ出て、部活指導に没頭する。翌週が大会である。指導を終えて、これまたダッシュで職員室へ戻る。保護者対応一件。

（3）黄金3日目

　私は全生徒と毎日交換日記を行うが、その日記で生徒が「黄金の三日間」という言葉を用い、重要性を指摘していることがおもしろい。
　一校時、新入生歓迎オリエンテーション。生徒会本部担当として企画運営と指導を行う。
　二校時、身体測定。裏番組でスピーチ練習をさせる。
　三校時、3名全員の、自己紹介を兼ねた30秒スピーチ。きわめてスムーズに進み、しかも盛り上がった。
　その後、学級目標検討。決め方から決める。
　四校時は目標検討の続き。討論の形で。その後班別の作業に。最後の最後は満場一致で四字熟語3つに決定。その後、修学旅行の班決めの方法を検討。スムーズに流れ、班まで決まってしまった。
　給食と昼休みを挟み、五校時は体育館で学年集会を行った。内容は1年間の見通しと修学旅行のガイダンスであった。
　清掃、帰りの会とすべて時間内に済ませて、生徒会本部と離任式の準備。きわめてスムーズに進行した。終えて、修学旅行実行委員会の組織編成と指導をする。
　その後、着替えてダッシュで部活動に出る。
　全校生徒を下校させた後、卒業生によるゴミの散らかし、下級生への恐喝について管理職と話して退勤した。

子どもの名前を覚える
～出会いの初日までに名前を覚える５つの方策～

１．子どもの尊敬を集められる

　生徒は新たな教師との出会いに期待を膨らませている。その一方で、変化に対する不安を抱いている生徒もいる。そのどちらの生徒にとっても、初対面の教師に名前を呼ばれることでの驚きと安心感は計り知れない。

　私自身、新年度に初対面の生徒の名前を呼んだら「えっ、どうして知ってるんですか！」とびっくりした様子で質問された。不安そうだった表情が一気に明るくなったことが印象に残っている。

　多感な中学生が持つ繊細な心を、出会いの場面で一気に掴みたい。

２．名前を覚える方策５

①仕事の合間に名簿を見てインプットする

　担当する学級の名簿が完成した後、ノートに貼って常に携帯する。そして出勤してからの空き時間や職員会議の休み時間など、短い時間を見つけたり、自ら時間を作り出したりして繰り返し覚えていく。

　基本は名簿を眺め、声に出して唱えていく。出席番号順に最初から最後まで覚えたり、男子のみ、女子のみのように区切って変化させ覚える。

　ある程度覚えたら姓名の「名」部分を隠す。例えば「青木健太」という生徒の「健太」の部分を隠し、「青木」だけを見て呼名できるか確かめる。

　覚えられていない場合、名簿に「正」の字を書いてチェックしておく。これを繰り返す中で「正」の字の多く付いた生徒を念入りに覚え直す。

②事務作業をしながら覚える

　新年度は様々な事務作業を行う。氏名印の並べ替え、出席簿への押印、指導要録や諸帳簿の整理などである。学校によっては名前シールを作成して下駄箱や学級のロッカー、机や椅子に貼ることもある。

　事務作業も名前を覚える機会ととらえ、生徒の名前を声に出して覚える。

③名前以外の情報とセットで覚える

　学習状況、性格、家族構成、部活動など、様々な情報と一緒に記憶する。

　他の先生方から前年度までの様子を聞くことや、生徒が作成した作品を見せてもらうことも有効だ。生徒の実態を掴むと名前を覚える助けとなる。

また、重要なのは顔写真を参照することだ。小学校の卒業アルバムや前年度の生徒写真を活用し、名前と顔を一致させる。

前年度の学級ごとの生徒の顔写真を入手し、その写真を見て呼名できるかを確かめたい。チェックは同様に「正」の字を書いて確認する。

④ICレコーダーに吹き込んで覚える

生徒の出席番号と名前を名簿順に録音する。その際、出席番号と名前の間に数秒間、呼名するための「間」を入れて録音することがポイントだ。

再生ボタンを押す。「1番」と出席番号を読む自分の声を聞く。その後にある「間」の時に「青木健太」と実際に呼名する。その後「青木健太」と名前を読み上げる音声を聞いて確認する。これを2番以降も同様に行う。

ICレコーダーならば電車での通勤中に聞くことも可能だ。車の場合でもCDに焼くなどすれば同様にできる。隙間時間を有効に活用したい。

⑤教室に入って名前を呼ぶ

教室の座席表を作成し、実際に教壇に立って机を見ながら呼名する。

間違えた生徒は座席表に「正」の字を書いてチェックしておくと、教室内の位置とともに覚えることが可能となる。

また、教師が立つ位置を変えることも効果的だ。教室前方の教壇からだけでなく、教室の窓側、後方などに立ち呼名するだけでも負荷がかかる。

3．他学級の名前も

中学では他学級でも授業を行う。そのため担当学級のみでなく、学年の他学級の生徒や、他学年の生徒の名前と顔も可能な限り覚えたい。

こうした準備を積んだ上での生徒との初対面の場面。「健太君、自分から挨拶してくれて嬉しかったよ」のように、生徒の活動の場面を取り上げ、名前を呼んで褒めていく。驚きと喜びの表情を浮かべることだろう。

ただ、名前が出てこない生徒、間違えてしまう生徒も出てくる。その場合、正直にその旨を伝えて謝ることも大切だ。そして同じ過ちを二度行わぬよう深く覚え直す。次に会った場面では確実に名前を呼ぼう。（広瀬　翔）

長谷川のコメント

概ね良い。加えて私は兄弟姉妹関係も把握する。学年を問わず、である。目的は、後々間接的に褒めるためである。

2 教室環境を構造化する
～意図的な教室経営で学級開きを迎える～

1．教室経営を細分化する

　教室経営は、新年度を迎える春休み中に行う。実際に教室に行って黄金の三日間をどう過ごすかをイメージするところから始める。例えば、①座席はどのように配置するか（座席表の作成）、②教室にはどこに何を掲示するか、③教室の棚には何を置くか、④ロッカーに置くものは何か、など、実際に教室を見ながらノートに書き出すことで、教室が具体的に構造化されていく。

2．座席の配置を確定させる

> 座席は隣同士くっつけるように配置する。

　座席は、隣同士の机が離れているのと、くっついているのとでは、後者の方がメリットが大きい。例えば、机を離すという行為から、いじめを初期段階で見抜くことができる。隣同士の机が離れていた時、「その人とは机をくっつけたくない」という差別的な感情が働いている。この時、「机をくっつけなさい。離さなければならない理由があるのですか。あるなら言いなさい」と指導することができる。座席の配置と、机がくっついているか否かを確認するだけで、いじめの予兆を察知し、未然に防ぐ指導ができる。

　隣同士の机がくっついていると、「授業中おしゃべりでうるさくなる」という意見もあるが、「机がくっついていること」と、「授業中うるさくなる」ことは、全く別の問題である。授業中にもかかわらず、私語でうるさくなるという隙があるのなら、机が離れていても、離れた先の相手と話し始めるのが生徒である。

3．教室の前面はすっきりさせる

> 教室の前面には、掲示物を貼らない。

　勤務校の場合、学校の教育目標や学級目標を前面に掲示するのが通例と

なっていたが、私は全て側面に掲示した。これは、クラスにおよそ6.5%存在している（文部科学省調査）と言われる、発達障害の傾向を持つ生徒に配慮するものである。発達障害傾向の生徒は、注意の対象が様々に転動したり、視界に入ったある一つのものに集中し過ぎたりするという特徴がある。教室の前面に目立つ掲示物があると、それに気を取られて授業に集中できなかったり、教師の話を聞き逃したりしてしまう。それらを未然に防ぐためにも、教室の前面は黒板のみというシンプルなものが望ましい。

4．必要な物は教室内に完備する

　生徒の具体的、創造的な活動を支えるためにも、教室で使用する可能性のある物は全て教室に準備しておく。班の紹介や、イベントの宣伝ポスターなど、すぐに掲示物が作成できるよう、色画用紙、太字の色ペン等、いつでも使える状態にしておくとよい。また、教科書や配布されたプリントを綴じるファイルなどに記名するための油性のサインペンも人数分あると、名前をその場で書かせることができる。

　勤務校では、毎日15分間の「朝読書」の時間がある。本をすぐに手に取ることができるように学級文庫を置いておくスペースも確保しておきたい。私の場合、古本で200冊程度がロッカーの上に準備してある。

　勤務校の教室のロッカーは腰の高さにあるため、休み時間などに生徒が腰掛ける場合がある。それを防止するためにも、ロッカーの上に学級文庫や、小さな鉢植えを置くなどの工夫も行っている。

　後ほど詳しく紹介があるが、「ふれあい囲碁」と「ペーパーチャレラン」は、常に使えるように教室の棚に準備しておく。特にこの2つの教材は、自然と生徒同士の交流が生まれ、休み時間も楽しく過ごすことができるアイテムである。（岡　拓真）

長谷川のコメント

　机を隣とつけることは、学習をよりアクティブに変えていく上でも必須である。また、落ちこぼしを生まないためにも必要である。指導の原則である「確認」が容易にできるからである。

3 学級のルールを決める① 学級の組織
～リーダーを育てる学級の「しくみ」と「ルール」～

1. 学級の「しくみ」、「ルール」の作り方

　学級を組織するということは、学級の「しくみ」と「ルール」を確立することである。

　学級を集団として機能させる「しくみ」の一つに、目標の設定がある。「どのようなクラスにしたいか」を、生徒による話し合いで決めたものが「学級目標」であり、担任自らが提示したものが「学級訓」である。

　以前の私は、「こんなクラスにしたい」という思いを一人ひとり書き出させ、そこから一つの学級目標を選ぶという方法をとっていた。しかし、学級目標を大切に思わない、どうでもいいと考える生徒に対して、具体的にどのようにアプローチしていけばよいか分からなかった時期があった。そこで、次の学級訓を提示した。

賞状の出ない所で一番になれ

　学級の力が表れるのは、日常の些細な場面である。例えば掃除。掃除を一生懸命にやったところで、誰から賞状が出るわけではない。しかし、掃除当番や給食の配膳に協力できない生徒が、体育祭の大縄跳びや合唱コンクールに積極的に協力するわけがない。また、普段協力しない者が、行事だからといって、その場だけ協力するのは筋が違うということである。

　学級訓を提示することにより、何のために目標を達成するのかということが明確になった。学級訓の提示という「しくみ」が、全体を巻き込んだ行動につながっていったのだ。

「しくみ」を機能させるために、様々な「ルール」が必要となる。例えば、「掃除は自分の担当場所が終わったら、教室掃除を手伝う」という「ルール」を設定する。協力して早く掃除を終わらせた班が、教室掃除を手伝うことで、教室掃除だけが遅くなることもないし、教師は、教室掃除を手伝った生徒を次々に褒めることができる。

　これ以外にも、「いじめは許さない」などの、生活上の「ルール」を設定することも忘れてはならない。目標を達成する過程で、人間関係を悪化させ

ない「ルール」も、この時期に打ち立てる必要がある。

2．班の活動でリーダーを育てる

　学級集団をさらに小集団で編成したものが、「班」である。学級の人数や掃除分担場所の数、学年での統一の編成の仕方があり、一様には行かないが、一つの班は、4人（5人の班があってもよい）が望ましいと考える。

　以前、6～7人で班を編成したことがあった。今思えば、掃除をしないでサボる人がいたというのも、人任せにして自分は何もしない人がいたというのも、人数が多かったことに原因があった。班員全員に役割が与えられ、それぞれに活躍できる人数編成が、4人なのである。

　私も今年度から、4～5人の班編成で行っている。班の中での役割は、①班長、②副班長、③掃除長、④給食長、（⑤特殊任務：担任が直接仕事を依頼する）とした。それぞれ、班の話し合いの中で「立候補」で決めさせる。

　また、2週間に一度各班の「長」を集め、会議を行う。例えば給食長なら、「4時間目終了後10分以内に『いただきます』をする」という「ルール」を設定する。このルール通りに「いただきます」をするには何が必要か、今週の各班の取り組みはどうだったのかなどを話し合わせる。

　時折、班の行動から外れる生徒が出てくる。その場合も、その生徒が役割を担っている掃除や給食に関して、やりきらせる。また、学級全体の目標を確認させる。共通の目標があるからこそ、自分の行動が外れていることに気づかせることができる。

　班を4人という小集団に編成するからこそ、その場でリーダーシップを発揮できる生徒も生まれてくる。控えめで班長には立候補できないが、掃除長として黙々と掃除に取り組む生徒もいる。席替えを行う度に、それぞれに活躍する場が与えられるので、新たなリーダーが生まれる機会にもなる。これも、学級を組織する「しくみ」の一つである。（岡　拓真）

長谷川のコメント

　班を4人編成にすることは物理的に難しい現場が多いだろう。その場合は、授業で4人グループでの活動を山ほどしくむのである。メンバーチェンジとリーダーチェンジは集団形成を促す重要ツールである。

学級のルールを決める② 係当番活動
〜係と当番を分けて考えよう〜

　学級の組織づくりに係・当番は欠かせない。これらがうまく働けば、学級は1年間安定する。係・当番を決めるにあたっては各係の性質を考え、分類することが重要になる。以下、分類の観点を示す。

1．係・当番を三つに分ける

　長年ベストセラーとなっていた教育書の向山洋一『新版　学級を組織する法則』(学芸みらい社)では次のように分類されている。

> ①学級を維持するため、毎日定期的にくり返される仕事で、一定の人数が必要なもの。　例)掃除当番・給食当番
> ②定期・不定期にかかわらずくり返される行動で、少人数でよいもの(創意工夫をあまり必要としないもの)。　例)黒板係・配布物の係・落しもの係、など
> ③学級生活を豊かにするために必要な組織(＝文化・スポーツ・レクリエーション三分野の係)。　例)集金係・スポーツ係・新聞係

　私の学級では①は班ごとに割り振っており、③は有志の生徒だけで自由度高く企画・活動をさせている。その上で、学級の安定のためには②をしっかりと作ることが欠かせない。

　昨年度にどのような係があったかを学活で生徒に聞き、それをもとに生徒と一から決めていくやり方もあるが、最初のうちは事前に教師が人数分の係を考えておいた方がよいだろう。

　新学期を迎える前に②にあたる係を人数分考えて書き出しておく。その上で、数名分は空欄にしておき、「ほかに付け足したい係や修正したい係はありますか？」と聞くことで「先生がすべて決めた」とならずに済む。

　何も意見が出なければあらかじめ考えておいた残りを提案し、了承を得られればよい。

　以下は、ある年の私の学級(36名)の係一覧である。(太字は後述)

第2章 「黄金の三日間」事前準備──学級ルールをこうシミュレート

> 教科係（各2名）：国語・社会・数学・理科・英語・音楽・美術
> 　　　　　　　　技術家庭科・体育男子・体育女子
> その他：黒板消し係（一・二校時）（三・四校時）（五・六校時）
> 集荷係（学級ポストから教室までプリントを運ぶ）・配布係（2名）
> 給茶係（2名）・**黒板レール＆チョーク補充係・黒板消しクリーナー係**
> 連絡黒板係・**提出物連絡係**・傘係（2名）・**ゴミ捨て係・生き物係（1名）**

　この年もゴミ捨て係と生き物係は生徒から出てきた案を採用した。

　用意はした上で、時間が許せばこのように検討の時間をとることで、「自分達で学級を作っていく」と主体性をもたせるようにしたい。

2．チェックのしやすい係・しづらい係

　先に挙げたリストの中で、黒板消し係などは仕事忘れが起きにくい。授業開始前に黒板が消えていなければ、教師や周りの友達から消すように言われるからだ。

　反対に、上のリストで太字の係は、そのような自然チェックは働かず、チェックのシステムを作らないと、半期が終わった時に「全く仕事をしないまま終わってしまった」となりやすい。システムとしては日直に確認をさせたり、右上のようなボードを作り、帰りの会で全員の名札が裏返っているか確認するなどのやり方が考えられる。

　しかしそれ以前に大切なのは、人数分の係を考える時に、これらチェックしづらい係はなるべく減らし、自然にチェックされる係を増やすことだ。

　1年間を見通して係を決めることで、学級経営の大きな力になるだろう。
（横田　智）

長谷川のコメント

　私の学級の一人一当番のメニューはもっと多彩である。それぞれの仕事のチェックと促進は日直が担う。すなわち、その日に行われるすべての仕事の責任者は日直なのである。これが組織である。

学級のルールを決める③　給食のシステム
～教師が主導権を握る～

　給食の時間の指導は、学級活動として極めて重要な学校教育活動である。教師が主導権を握らなければならない。特に、以下の３つに重点的に取り組む。

①ゆとりをもって食事ができるようにする。
②当番や係の仕事に責任をもち自主的に活動することができる。
③公正公平なおかわりを保証する。

1．ゆとりをもって食事ができるようにする

「ゆとりをもって食事ができるようにするためには、準備・片付けを短時間で能率的に行うことが大切である」と生徒に説明し、納得させることが必要である。食べる時間を含めた準備から片付けが終わる時間までの時間は、45分程度の時間が設定されている中学校が多い。食事に一番時間がかかる生徒が20分と仮定する。準備・片付けは25分で行えば良いことになる。黄金の三日間に、生徒に次のように見通しを持たせ指導している。

12：50　４時間目終了　トイレ・手洗い　給食当番は身支度を整え配膳する
　　　　他の生徒は自分の給食を準備し着席して待つ
13：00　「いただきます」
13：03　おかわり開始
13：20　食器返却開始　早く食べ終わった生徒から片付けを始める
　　　　まだ食事中の生徒に残り時間を伝える
13：25　片付け終了　配膳台を拭く　ワゴンを廊下に出す
　　　　明日の連絡
13：30　「ごちそうさま」　昼休み開始

2．当番や係の仕事に責任をもち自主的に活動することができる

　準備が早い学級があれば、極端に遅い学級もある。着替えはダラダラ。配膳のワゴンを配膳室まで取りにいくまでに５分かかる。担任が毎日怒鳴っている。当番をさぼる生徒がいるため担任も手伝わなければ食べる時間が確保できない。一方で、隣の学級が「いただきます」をする頃にはおかわりのジャンケンをしている。片付けも一番早い。生徒も教師も笑顔である。

この違いを生んでいるのは、教師の力量の差であり、次である。

> 誰が、いつ、どのように動くか、という明確な役割分担があること

「黄金の三日間」で、教師が一つ一つ仕事をやって見せて教えてできるようにさせる。当番表を掲示し、忘れていたら声をかけて一緒に行う。給食委員や当番と共に教師も率先して手伝うことも大切である。教師の後ろ姿を見て動き始める生徒もいる。叱責や説教よりも何倍も効果があるだろう。

3. 公正公平なおかわりを保証する

　おかわりを生徒の自由にさせたら、弱肉強食の世界になる危険性が高い。TOSS代表の向山洋一氏のおかわり指導は教師主導である。中学生にも有効だ。その方法を説明する。
　食事が進んだところでおかわりとなる。残っているものと個数を伝える。
　その際のポイントは次である。

> おかわりを汁物、固形のものの順で行うこと。

　汁物から始めるのは教師が調整できるからである。どの子もおかわりがもらえる。もし希望者が少なければどっさりもらえる。そして、パンなどの固形のもののジャンケンに移る。固形のものは一人一個とする。半分に分けられるものは半分にする。もし固形のものから始めてジャンケンをさせると、ジャンケンに負けた子が汁物に混じることになる。この順番こそ、ズルを生まないようにする工夫なのだ。ジャンケンで負けた後、汁物を分けてあげることができるように、ほんの少し残しておく配慮もあるとよい。最後に言う。「残ったものはおかわりしていいです」。食の強い子は底の底までさらっていく。このようにすると、おかわりに対する不満は出ない。どの子も満足するおかわりのシステムだと言える。（尾堤直美）

長谷川のコメント

　私の経験では12時40分4時間目終了、50分いただきます、13時10分ごちそうさま、である。ごちそうさまの時点で、すべての食器、ゴミ類が丁寧にまとめられている。配膳員さんへの思いやりも、指導のポイントだ。

6 学級のルールを決める④　掃除のシステム
〜スムーズに動けるシステムを作り、生徒を褒める〜

1．掃除システムのポイント

　学級の団結力を高めるには、日々の生活で協力して動く場面を積み重ねることが必要だ。毎日の清掃の時間を、教室をきれいにする時間だけでなく、学級の団結力を高める時間としても過ごさせたいと考えている。
　清掃のシステム作りにおけるポイントは次の2点である。

（1）担当生徒の役割分担をはっきりさせること。
（2）「何もすることがない時間」を作らないこと。

　まず（1）だ。掃除がスムーズに進まない場合、多くの問題点は、分担がおおざっぱすぎて、何をしたらいいか分からないということにある。「教室・ほうき担当」という割り当てだけして終わりにするのではなく、「この場所を、Aさん、Bさんの順番で掃く」「ここからここまでCくんが拭く」など、分担がはっきりしていた方が生徒はよく動く。
　また、（2）も重要である。例えば、教室掃除で、ほうき担当が掃き終わるのを待っている間に雑巾担当の生徒が遊び始めてしまうことがある。「待っている時間」を極力少なくし、無駄がないように掃除を進めることで、生徒もよく動き、短時間で掃除が終了する。

2．短時間で終わらせる教室掃除のシステム

　自身の学級では次のように教室掃除を行う。教室担当の生徒は12名（2班）おり、次のように分担している。
　ほうき担当4名・雑巾担当6名（各号列に2名ずつ）・黒板担当1名・ロッカー・本棚の水拭きと整理担当1名（人数は変更可能である）。
　およそ8分で掃除が終了する。次の方法である。

①掃除開始時、全員の机を前に寄せる。ほうき担当は廊下側から窓側に向かい、へび型に床を掃いていく（右図）。ほうき担当が掃除開始時すぐに動くことがポイントである。

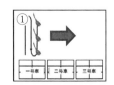

②ほうき担当が一号車の場所を掃き終わったらすぐに、雑巾（一号車）担当が拭き始める。（右図）

同様に、ほうきで掃き終わったら、二号車、三号車も担当の生徒が拭く。先頭でほうきを掃き終わった生徒は窓際でゴミを集め、捨てる。

③雑巾担当は担当の場所が拭き終わったら、自分の担当になっている号車の机を運ぶ。(右図)

④ほうき担当は机が運び終わったら教室前方を一号車から掃き始める。②と同様に雑巾で拭き、拭き終わったところから机をもとに戻す。(右図)

⑤全員で椅子を降ろして終了する。

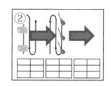
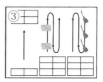
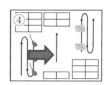

この掃除システムにしてから、無駄な私語もなく、掃除が短時間できれいに終了するようになった。

3．生徒と一緒に動くことが大切だ

システムを築いても、生徒が動かなかったり、サボったりすることもある。生徒達に意欲的に掃除をさせるためには、次のことが必要不可欠である。

> 教師が一緒に掃除をすること。

教師は「掃除監督」として掃除を見ているだけでなく、一緒に雑巾がけをし、机を運ぶなど、生徒と一緒に動くことが大切だ。教師が率先して動く姿を見せることで、生徒も徐々に自ら動くようになる。

また、一緒に掃除を行うことで、教師の目線が下がり、「Aさんが端まで拭いてくれているな」「Bくんはいつも重い机を積極的に運んでくれているな」といった姿も見えるようになる。動きながら生徒に声をかけたり、褒めたりする場面も増える。

掃除の時間を、生徒と動き、生徒を褒める時間にする。この積み重ねで、学級の雰囲気もよくなり、生徒同士の協調性も生まれてくる。(星野優子)

長谷川のコメント

清掃監督だからと言って椅子に腰かけて注意叱責を繰り返す教師がいる。目線が高いとサボっている生徒が目につく。自ら雑巾がけで汗をかいていると、努力している生徒が目に入り、褒める場面が増える。後者が良い。

学級のルールを決める⑤
～朝の会・帰りの会のメニュー～

1. 必要最低限の内容とする

　朝の会も帰りの会も、その後にはそれぞれ授業や部活動が控えている。そのため可能な限り要点を絞り、端的に進めていくことが望ましい。

　具体的に言えば、私は以下のような項目で行っている。会を進行するのは日直1名。日替わりで交代となる。

朝の会	帰りの会
①挨拶 「起立、礼」「おはようございます」	①挨拶 「起立、礼」「お願いします」
②健康観察 教師が「具合の悪い人はいますか」 不調生徒は挙手後に症状を伝える	②今日の反省（授業へのコメント） 「一校時英語、評価4。〜です」 ＊5段階評価。1が最低、5が最高
③今日の目標 「今日の目標は〜です」 ＊生徒が作った物から日直が選定	③明日の予定 日直「一校時、数学」 教科係「教科書、ノート、ワークです」
④諸連絡 「何か連絡のある人はいますか」	④諸連絡 「何か連絡のある人はいますか」
⑤先生の話 「先生の話、お願いします」	⑤先生の話 「先生の話、お願いします」
⑥挨拶 「起立、礼」「ありがとうございました」	⑥挨拶 「起立、礼」「さようなら」

　このメニューをB5サイズの用紙に記し、ラミネート加工して教卓に置いておく。すると生徒はそのメニューを参考に会を自分で進行していく。

　慣れてきたらメニューを片付け、日直が学級の生徒の顔を見て話せるように指導をする。人前に立って話す経験を意図的に積ませていく。

2. 朝の会の「先生の話」の中身

　前述のように、メニューを構築すると次第に生徒も慣れてくる。システムとして機能するため、徐々に教師の支援も不要となる。

となると、意識すべきは「先生の話」の中身となる。朝の会、帰りの会で何をどのように伝えるべきなのか。

まずは朝の会。先生の話の内容は大きく２つに分類されるだろう。

①職員朝礼での連絡事項　　　②生徒を短く褒める

①は職員朝礼で変更・追加となった事項を伝達。「今日の体育は雨のため体育館で行います」「給食委員会は昼休みに会議室へ集合」のようなものだ。

多くなる場合は、片面が使用済みの用紙に連絡事項を記し、連絡黒板に貼る。「再度確認する場合はこれを参照すること」とすると楽である。

また、②について。例えば、下駄箱の靴のかかとが揃っている生徒がいたとする。その際、「嬉しいことがありました。○○君の靴のかかとがピシッと揃っていて気持ちが良かったことです」のように短く褒める。

すると、翌日には、前日靴のかかとを揃えていなかった生徒が揃えていることがある。その見逃しがちな変化をとらえ、取り上げ、短く褒める。

ただ、中には靴を揃えることが習慣化するのに時間がかかる生徒もいる。

その場合教師がそっと揃えておく。そして「今日は全員が揃ってとても素晴らしかった」のように伝える。褒めながら良い行動を促したい。

3．帰りの会の「先生の話」の中身

帰りの会ではどのような話をするのか。端的に言えば、以下である。

その日の総括的な話

例えば、掃除でがんばっている生徒を取り上げ、全体の前で紹介する。

逆に怠けている生徒がいたら、全体に投げかけるように指導をしたり、場合によっては立たせて「その行動は○か×か」のように問うたりする。

翌日につながるような話をすることで、学級の質は高まりを見せる。

そうした話をするためには教師が「がんばっている子」を見る目を持ち続けることが必要となる。「帰りの会であの生徒を必ず褒める」と意識して様子を見ていると、具体的に取り上げることができるだろう。（広瀬 翔）

長谷川のコメント

朝も帰りも短ければ短いほど良い。生徒の実態を見ればそれが分かる。今日の目標や今日の反省を、私はしたことがない。必要があれば話すこともあるが形式化はしない。マンネリズムに陥るからである。

8 校務の進め方
〜何事にも前向きな姿勢が、良い結果をもたらす〜

1．年度初めの学年会議で確認すべきこと

「黄金の三日間」に、クラスのルールをつくり、しくみをつくるわけだが、その前に確認しておくべきことがある。それが次の３点である。

> ①学校で統一されているルールは何か。
> ②学年団で相談して、統一するルールは何か。
> ③学級担任の裁量に任されるルールは何か。

これらについて確認できる会議が、学年会議である。従って、学年会議の前には、確認しておきたい事項をノートに書き出しておき、聞き漏らしのないようにする。話題に上らなかった場合は、その場で質問し、確認する。ここで確認した内容が、クラスのルールをつくる際のベースとなる。私が学年会議に臨む際にメモしておいた項目の一部が、以下である。

> ①各学級で共通して設定する係は何か。
> ②給食の配膳方法はどうするか。
> ③給食当番、清掃当番の交代時期はいつにするか。
> ④生徒は、朝何時までに教室に入っていれば良いか。
> ⑤朝の学活の前の時間は、どのような活動をさせるのか。
> ⑥朝と帰りの学活の内容はどのようなものにするか。
> ⑦教室の掲示物は、どのような内容にするか。
> ⑧学級通信を発行して良いかどうか。
> ⑨集会時の整列完了時刻はいつか。

上記の項目について、学校や学年で統一するという場合は、基本的にそれに従う。しかし、実際に学校生活を送って不都合があった場合や、それより明らかに良いものがある場合は、より良い方を提案する。統一すべきところは統一することで、各学級共に安定感のあるスタートが切れる。

2. 研究授業を引き受ける際にやるべきこと

　４月に、校内研修の日程や、研究授業の授業者が決定される学校も多いだろう。中学校の場合、「一人一回は研究授業を行う」と決めている学校は少ないように感じる。多くの場合、各教科で代表一人が授業することになるのではないか。そうすると、１年間で一度も自分の授業を他人に見てもらえないという事態が生じる。

　自分自身の授業技量を高めるという観点からすれば、これは不幸な事態である。教師の授業技量が高まらないことで、一番被害を受けるのは、生徒達である。人の師である以上、常に自分を磨く努力を続けたいものだ。

　だから、

> 研究授業に進んで立候補し、多くの方に授業を見てもらう

ことが極めて重要だ。私も、新採用以来、毎年研究授業をさせていただいている。事後研究会では厳しいご指導もいただくが、それこそが学びの機会と受け止めている。

　また、せっかく研究授業を行うのだから、その学びをより大きくしたいものだ。そのために、４月からやっておいた方が良いことは次の２つだ。

> ①学校の中で尊敬できる先生、頼れる先生を見つけておくこと
> ②自分の授業をビデオに撮ること

　①については、自分の授業が終わったら、その先生に直接指導を伺いに行くために必要である。②に関しては、本番の授業はもちろん、普段の授業も機会を捉えて記録し、観ておくことが大切である。それによって、自分の癖に気付いたり、表情や声のトーンを確かめたり、授業がテンポよく進んでいるかどうかを確かめたりすることができる。（上野一幸）

長谷川のコメント

　授業力を高める方法は、実力者に指導を受けること以外にない。授業を人目に晒し批評を受けるのだ。録画して文字起こしするのもプロの嗜みだ。

第3章 始業式前日！ 学級開き前日はここを最終チェック

1 生徒が使う教室のチェック
～まずは環境を整えよう～

1．机、イスの確認

　机とイスは1年間使い続ける生徒の居場所、一人ひとりの「安住の地」である。その意識でできるだけ良いモノを用意してやりたい。

　机、イス自体のチェックポイントは次の通りだ。

- 机の天板に傷（学習の妨げにならないか）や落書きがないか。
- 机脇のフックがついているか。
- 机、イスの高さは適切か。
- イスの背もたれや腰掛けのささくれがないか。
- 机、イスの足がガタガタしていないか。

　天板交換は担当職員、もしくは用務員（校務員）さんに確認し、新しい板を張ることが可能であれば、それを依頼する（もちろん、直前は無理）。ささくれはせっかく買ったスカートやズボンをボロボロにするので、手直しできない場合は交換する。

　これらを確認して、雑巾がけを行う。一つ一つ雑巾をかけることで、サッと見ただけでは気づかなかった不備に気づくことができる。

　机自体に不備がなかったら、机の配列である。座席は、生徒情報を確認しておき、気になる生徒を一番前に座らせる。複数気になる生徒がいる場合、列の人数を変える、男女数が違う場合は同性同士を隣り合わせで座らせるなど、なるべく近くにならないように配置する。

2．ロッカーの確認

- 使えないような破損があるか。男女の区切りをどこにするか。

　ロッカーに足をかけ、曲げてしまった等の箇所があれば、最大限に直して生徒に渡し、一声かける配慮が必要だ。ロッカーは男女の間をどこで区切るか考える。可能であれば、女子への配慮として、男女間は離してやりたい。

　ロッカーのラベルは紙ラベルを直貼りするよりも、ビニールテープの上に貼り、それをロッカーに貼り付けると良い。紙テープの直貼りは剥がすときに時間がかかる。ビニールテープを使えば、学級解散のときの大掃除が簡単でしかもキレイに剥がせ、一手間省ける。

3．雨具かけおよびカーテン、その他

　雨具かけは、使えないような破損があるか確認する。破損で、数が足りなくなる場合は、係職員及び用務員さんに伝え、直してもらう。フックが折れている場合、一時的に百円ショップの洗濯コーナーにあるフックを取り付けることもできる。

　カーテンは汚れと破れを確認する。一度、窓全体に開き、離れたところで見た方が破損や汚れなどは発見しやすい。その後、近くで、糸のほつれがあるかないか確認する。タッセル（カーテンを束ねる布やひも）の本数も確認する。

　黒板はキレイにし、白、赤、黄色などの新しいチョークをチョーク受けに入れておく。黒板消しの傷みも確認し、必要に応じて、新品を用意する。

　壁面は端から見ていき、汚れは雑巾や洗剤で拭いておく。前年度で不要になるプリントは剥がしておく。

　清掃用具入れにホウキ、ちりとり、バケツなどの数がそろっているか、破損がないか確認する。ゴミ箱は水を使い、キレイに洗っておく。

　最後に教卓である。脚はガタガタしないか、天板はキレイか、気持ちよくスタートできるように「教師の机」も磨いておこう。（間 英法）

長谷川のコメント

　学級担任が決まった時点で教室をチェックし、必要物品を発注し、整備を進めておくとよい。教室設計の第一は物の準備である。

2 呼名の練習
～名前を覚えて、生徒の信頼を勝ち取る～

1. 前日の呼名練習

　私が初めて担任を持つことができた学年は中学2年生だった。自分がどのクラスを受け持つかが決まった時、その名簿をワクワクしながら眺めたのを今でも思い出す。

　その子達との出会いの前日、私は一通りの準備を終え、自分の教室に行った。自分が教卓の所に立つと、急に担任としての実感がわいてきた。机を見ながら、呼名の練習を始めた。

　名簿などは見ずに、大きな声で担任する生徒の名前を読み上げた。途中どうしても名前が出てこなかった生徒がいた。すぐにその生徒の名前を名簿で確認し、また再開した。

　最後まで名簿を見ずにできるようになるまで続けようと思った。なぜ私がここまで呼名練習にこだわったか。それは次の文に触れたからである。

> 初対面の時までに、すべての子どもの名前を覚えていき、名前を言えれば、その瞬間から、子どもの尊敬を集められる。
> 　　　　『教え方のプロ・向山洋一全集89』向山洋一著（明治図書）

　結局、この日は、全員の名前を覚えるまでに1時間以上かかった。だが、全員の名前を言えたことで安心して帰ることができた。もちろん出会いの日、全員の名前を何も見ずに言うことができた。生徒からは拍手が起こり、明るい雰囲気で出会いの日をスタートすることができた。

2. 実際の場面を想定した練習

　ある年、時間がなかったことを理由に、前日に教室で呼名の練習をせずに始業式当日を迎えたことがある。

　その時は、出会いの場面でほとんど名前を呼ぶことができなかった。咄嗟に名前が出てこなかったのだ。呼名をしていても、所々忘れてしまっていて、嫌な気分になった生徒もいたようだ。こういうことがないように、今では前日に必ず練習するようにしている。

第3章　始業式前日！　学級開き前日はここを最終チェック

さて、私は前日の呼名練習のポイントを以下のように考える。

実際の場面を想定した呼名練習を行う。

私は、始業式の日に、全員の名前を呼んで返事をさせている。その場面を想定しながら、練習をするようにしている。

教室の正面に立ち、名前を読み上げていく。例えば「安部太朗」と名前を呼んで、返事が返ってくる時間、間を置く。

その時、しっかりと安部君の目を見ることができるように、安部君の席に目を向ける。

あまりゆっくり呼名をしていると雰囲気がだれてしまうので、スピードも意識して練習する。

また、出会いの最初に名前を呼ぶというのは、失敗は許されない。そこで、様々な可能性を考えることも必要だ。例えば以下のようなことだ。
①最初に名前を呼ぶ生徒が大きな声を出せたらどう褒めるか。
②声が小さい生徒がいたらどうするか。
③声が小さい生徒が連続したらどうするか。

これらのことを想定して練習するだけで、当日の対応を慌てずに行うことができる。特に返事の声が小さかった場合、いきなり怒ってしまっては、不要な失敗体験を積ませてしまう。そのためにも準備は念入りに行う。

最後に、私はなるべく、写真を使って、どの席にどんな子が座っているのかを頭に浮かべながら練習するようにしている。その方がより当日のイメージを持ちやすいからだ。今年もまた、呼名練習をして最高の出会いの日を演出する。（森田健雄）

長谷川のコメント

顔写真と名簿とを照らし合わせて覚えた後は、座席順に机を並べ、机を見て氏名を言う練習をするとよい。その努力が出会いを成功に導く。

❸ 最初の学級通信を書く
〜出会いを演出するツールである〜

1. 最初の学級通信

　始業式。生徒も保護者も、今年の担任はどんな教師なのかということに大きな興味を持っている。学級通信は、保護者に届く最初の手紙だ。1年生ならば入学式での挨拶などもあるかもしれないが、2・3年生の場合には、学級通信と子どもからの話でしか担任の様子をつかむことができない。

> 学級通信は、生徒・保護者との貴重な「出会いの場面」の一つである。

　書く内容については別ページで紹介するため、本稿では、前日に行うべきチェックのポイントを3点、記しておく。

2. 気をつけておきたい、前日の最終チェック

　第一号の学級通信で特に気をつけておかなければいけないことがある。前日までに最低限、以下はチェックしておきたい。

> （1）生徒の名前の誤字脱字がないか。

　最初の通信に、学級の生徒の名前を入れて発行するということも多いだろう。その場合、生徒の名前に間違いはないか、しっかりとチェックしておくことが必要だ。管理職や主任のチェックも、名前の誤字脱字までは分からない。

　以前、初めて担任した生徒の名前を間違ってしまったことがある。最初の学活の後、「先生、私の名前、違うんですけど……」と言いに来たときの生徒のがっかりとした表情が忘れられない。初日、一所懸命準備してきた話も、褒めたことも、生徒の名前が間違っていたことですべて帳消しになってしまう可能性もある。

　必ず一度印刷し、学年名簿とよく見比べて、漢字・よみがなを含め、細心の注意を払っておきたい。

（２）保護者や生徒が心配になるような文言はないか。

　例えば「初めての担任で、不安でいっぱいです」などの、自分の不安を綴る言葉は、最初の通信に書かないほうがよい。担任された生徒も保護者も不安になるからだ。もちろん不安な気持ちはあるかもしれないが、最初の出会いの場面ではどっしりと構え、生徒に安心感を持たせたい。「初めての担任で、楽しみで仕方ありません。精一杯がんばります」というような、前向きな言葉で新年度をスタートさせたい。

　また「昨年の生活では反省点が多々ありましたが」などの、前年度の改善すべき点をいう言葉も最初の通信には不向きである。たとえ昨年の学級・学年で反省点があったとしても、生徒は「今年はがんばろう」と思って新学期を迎えている。最初から生徒のマイナス面を指摘するのではなく、生徒のよさを示し、それを伸ばしていくように出会いの場面を組み立てたい。

（３）所信表明で話す内容と食い違いがないか。

　最初の学級通信には、学活で話す内容と同様に学級を１年間貫く指針が書かれているとよい。所信表明で「全員が成長できる学級を作っていきましょう」と話すのであれば、通信にもそれに関連した内容を書いておくと、家に帰ってから生徒が読んだときに、「そういえば先生は最初の学活でも同じような話をしていたな」と思い出すことができる。

　もちろん、学級通信に書いただけで学級がうまくいくわけではないが、生徒に最初に配る配布物として、担任としての考えをまとめ、少しでもメッセージが伝わるような書き方をするとよい。ただの自己紹介で終わるのではなく、生徒に思いを伝える学級通信で新学期をスタートさせよう。（星野優子）

長谷川のコメント

　学級通信がなければ、保護者の学校に対する印象は子どもの言葉のみに依拠して作られてしまう。それではあまりにもリスキーである。学級通信は教室と家庭をつなぐ重要なコミュニケーションツールなのである。

4 1日の流れの確認
~時程表の作成~

1. 資料で時程を確認する

　出会いの1日目、生徒がスムーズに中学校生活をスタートさせられるよう入念な準備をして臨む。そのためには資料を次の順番で確認をする。
（1）職員会議資料
　学校としての日程を確認する。4月当初の職員会議の資料を見て、始業式、入学式の1日の全体の動きを確認する。全体の動きを最優先しなければならない。
（2）学年会の資料
　次に学年での統一事項を確認する。そして学校全体や学年で決められた時間以外で担任裁量の時間はどれぐらいあるのかを計算する。その時間の中で担任の自己紹介やどんな学級にしたいかなどの語りを用意する。
（3）自分オリジナルの時程表の作成（下図）
　最後に次のような時程表を作成する。担任個人としての動き、語ること、準備するものなどを書き込む。修正があれば随時記入していく。

4月8日（水）始業式、入学式

時間	内容
7：30 出勤	黒板メッセージを書く。「進級おめでとう。笑顔あふれる学級にしよう。中学3年生らしい姿で待っていてください。」 学級通信印刷、教室最終確認
8：00	クラス掲示3年生（担当：　　　）1F東昇降口
8：20	職員集会（職員会議）
8：30 朝の会	教師が元気よく挨拶をして教室に入る。 ①挨拶は全員立ってシーンとなってから行う。 ②今日1日の予定を短く話す。始業式、入学式の説明。 ③頭髪、服装の確認。
8：45	体育館入場開始　歌練習は一緒に歌う。褒められるところを探す。
9：00	始業式、入学式

10：20 〜 10：50 学活	①始業式でしっかりやっていた生徒を描写して褒める。 ②担任自己紹介、学級通信を使って所信表明 「担任の伊藤圭一です。中学校生活最後の１年です。……」 ③提出物（　　　）④配布物（　　　）
	以下、略。

2．1日の流れを生徒に伝える〜入学式を成功させるための準備

　中学１年生の担任の場合、最初の大きな仕事の一つが朝の短時間で入学式の動き方を教えることだ。本校では９：００から入学式が始まるので、朝の15分間ほどで新入生に式の動きを教えなければならない。生徒に達成感をもたせて中学校生活をスタートさせるためのポイントを記す。

①教師が入念に準備する

　学年職員と式の司会をする教員で、入学式のシナリオと昨年度のビデオを見ながら、かかる時間と式中の動きを確認する。起立・着席、礼のタイミングなど、例年間違いやすいポイントは特に注意して確認する。

②入退場の動きを視覚的に伝える

　教師の話だけでは入学式をイメージできない生徒がいる。式の流れや動き方を、前日に黒板に書いていたとしても、翌日それを見ない生徒もいる。そこで、黒板に式の流れと動き方を図で示すと共に、それを写真に撮ってプリントアウトをしてメッセージとともに一人一人の机の上に置いておく。そして登校したら読んでおくようにと指示を出しておく。机の上に置いてあれば読む生徒がいる。そして再度、全体で動き方を確認する。このようにすると入学式全体の流れが理解でき、見通しを持って取り組むことができる。（伊藤圭一）

長谷川のコメント

　３日間用ノートに時程表のコピーを貼り、子どもの様子を書き込んでおけば、学級通信を書く際にも役立つ。家庭訪問時の貴重な資料にもなる。

5 語りの練習
～人に見てもらおう～

1.「語り」の2つのポイント

「説教」と「語り」は似て非なるものだ。

前者は直接的に「これが大切だ」とその価値を説く。一般的には怒鳴る、問い詰めていくようなイメージが強い。

一方後者は、人の生き方やエピソード、名言や格言などを用いることで、間接的に大切なことに気付かせていく。

両者は伝え方が異なるため、生徒への伝わり方にも差が出る。その積み重ねによって目に見える変化をすることだろう。

さて、語りのポイントは以下の2点にある。

①端的かつ具体的なエピソードで語られている
②「教師が何を言おうとしているのか」が①から分かる

この2点に照らし合わせながら、自らが生徒に語ろうとしている内容を吟味すると、さらに磨かれたものとなる。

2.「語り」の確認①　端的かつ具体的なエピソードか

語りを考えるために、まずやっておくべきことがある。

語る内容をそのまま書き出すこと

生徒に伝える内容を一言一句までノートに書き出す。書き出すことで、頭の中にあった話す内容が視覚化され、吟味が促進されるためだ。

語る内容を決めていく際、教師のポータルサイト「TOSSランド」を利用することもお勧めである。日本全国の教師が実践した中で、「手応えがあった」「多くの人と共有したい」という実践がインターネットで閲覧できるサイトである。そのサイトで「語り」と検索すると、日本各地で実践されてきた語りの文面を閲覧することができる。そうした優れた先行実践から自分が良いと思うものを選び、参考にすることも一つの手である。

そして、「一言目には何を話すのか」「エピソードは分かりやすいか」「長すぎないか」などに留意して組み立てていく。

もちろん生徒を叱責したり皮肉ったりする内容ではないことを念入りに確認しておく。それらを盛り込んでも逆効果となるためである。

そして始業式の直前にはそのノートを再度見返していく。

その中で話を組み立て直したり、より分かりやすいエピソードがあれば差し替えたりする。少しでも効果的に伝えるために検討と確認をしておく。

3.「語り」の確認②　「教師が何を言おうとしているのか」

例えば「エジソンが電球を発明するために２万回失敗した」というエピソードを教師が語るとする。その際に大切な視点が以下である。

> この話から生徒にどのようなことを感じ取ってもらいたいのか。

「挑戦する大切さ」なのか、「失敗を恐れない心の強さ」なのか、「追求する粘り強さ」なのか、「失敗から学ぶ前向きさ」なのか、それ以外か。

一つのエピソードのおける切り口は一つではない。だからこそ「教師が言おうとしていることが伝わる内容か」を再確認しておく必要がある。

先述のとおり準備したノートを見返しながらチェックする。

4.「語り」の確認③　実際に語る練習をする

始業式の前日には、実際に語る内容を記したノートを持ち、教室へ行く。教壇に立ち、出会いの場面での生徒の顔を思い浮かべながら、実際に言葉を発してみる。

声が教室全体に届いているか。生徒一人ひとりの顔を見ながら語れるか。「えー」など余計な言葉はないか。教師の表情は固くないかなど、様々な観点で自分の語りをチェックしてみる。

ノートに記した語る内容がいくら素晴らしかったとしても、それが実際に生徒に伝わらなければ効果が薄い。

１年の始まりとなる出会いの場面で、生徒の心に届く語りをしたい。（広瀬 翔）

長谷川のコメント

語りの実力を高めるには、実力者の前で語り、批評してもらうのが一番である。語りの引き出しを増やすには膨大な量の読書が不可欠である。

6 要配慮生徒の確認
～良いスタートを切るために確認する～

1．要配慮生徒のパターン

　小学校から「要配慮」として引き継ぐ生徒には大きく分けて二つのパターンがあると考える。

（1）非行問題行動を起こしてしまう可能性がある生徒
（2）発達障がいの生徒、又はその疑いがあり、学校生活全般に困難がある生徒

　特に（2）の生徒については、入学式前に、あらかじめ校内を一緒に見ておいたり、式の流れを説明しておいたりすることで混乱なく当日を迎えられることが多い。
　そこで、最近は該当の生徒に、事前に中学校に来てもらい、話ができないかを、小学校を通して聞いている。
　引き継ぎでは、そんなに心配がない生徒でも、不安を抱えた保護者の場合は、自ら中学校への事前訪問を希望する場合もある。要望があれば面談などを行った方が良い。

2．事前に行うこと

　以前、A君という生徒を担任することになった。発達障がいの診断は下りていなかったが、小学校では学力面でも生活面でも周りの生徒と同じことが出来ずにいた生徒だった。次のような手順で事前の面談などを行った。

（1）A君の保護者に、入学式前に中学校に、A君と一緒に来てもらえるように小学校から連絡してもらう。
（2）A君と保護者が中学校に来たら、まず面談を行う。
（3）A君と一緒に校内を見てまわる。その間に、他の教員が保護者と面談する。

　いきなり中学校から連絡があると、驚いてしまう保護者もいるので、小学

校から連絡をしてもらうのが良い。

面談当日、A君は保護者と中学校にやってきた。

まずは面談を行った。「A君と会えるのを楽しみにしていたこと」、「A君が好きなこと」、「A君が得意な科目と苦手な科目」、「中学校でやってみたいこと」などを聞いた。保護者にも同じように聞いていった。いくつか話をした後に、本題に入った。

> 中学校生活で心配なことは何か。

多少違いはあっても、中学校に入学する時に不安を抱えている生徒は多い。聞けば必ず心配なことが出てくる。

面談後、A君と一緒に校内を歩きまわった。事前に確認が必要な箇所を限定して教えた。まずは、自分の教室があるフロア（場合によっては教室）、入学式が行われる体育館、そして心配なことがあった時に行ける保健室だ。

それぞれの場所をまわりながら、どんな場所なのかを説明した。最初は緊張気味だったA君も段々と笑顔になってきた。

A君と校内をまわっている間に、他の教員が保護者と面談した。生徒がいる場だと話しづらいこともある。子どもにどうやって中学校生活を送らせればいいのか悩んでいる保護者も多い。そういうことを少しでも解消するための面談とした。最後に入学式についての説明をした。

> 実際に入学式の会場に行き、入場から退場までの流れを一緒に行う。

事前にリハーサルをしておくことで、混乱なく入学式を終えることができるからだ。

当日、入学式前の人の多さに若干とまどっていたA君だったが、混乱することなく周りと同じように活動できた。（森田健雄）

長谷川のコメント

冒頭のパターンに「不登校」が抜けている。不登校の生徒は初日から登校しない可能性が高い。であるならば、待ちの姿勢は何も生まない。春休み中にどんな手を幾つ打つか。誰と会うか、話すか。準備に次ぐ準備が要る。

学級の最終イメージを持つ
〜卒業式を最終ゴールとする４つの手立て〜

1．卒業式をイメージする

私の場合、３年生を担当したとき、

> どのような卒業式にしたいのか

を、クラスの最終イメージとして規定する。そして、１年間をかけて、そのイメージに近づくためには何をなすべきか、生徒と共に考えていく。

ある年に担任した３年生は、卒業式で先輩が泣いている姿を見た事がないと言った。「であるならば、１年かけて、涙が流れる卒業式にしよう！」と語りかけた。卒業式で涙が流れる背景には、どんな思いがあるのか。そして、そんな思いがあふれ出るためには、どんな日々を送る必要があるのか。様々な意見が出て来る。

2．映像を見せる

黄金の三日間のうちに、以前担任していた３年生のクラスの映像を見せる。体育祭や合唱で歌っている様子など、行事で活躍している姿を見せるのもよいが、普段の授業や掃除への取り組みの姿を見せることも大切である。感動的な行事の陰では、日常の些細な取り組みにも力を尽くしていたということを事実として示すことができるからだ。

ある年は、２年前の先輩の卒業式の学活の映像を見せたこともあった。

男女共に涙を堪えて、次々に３年間の感想をスピーチしていく映像である。映像を見せた後、次のように語った。

この様な卒業式を迎えるためには、毎日を本気で過ごした日々がありました。これから迎える全ての行事や、行事以外の日常の些細なことにも、全員でやることにこだわって、全員が全力で取り組み、自分を変えていく。その先には、みなさんにしかできない、素敵な卒業式があるはずです。

身近な先輩の姿ならば、自分達も、あのようになれるという希望を持たせることができる。

３年生を担任したら、ぜひ生徒の姿を映像に残しておくことをお勧めしたい。

3．考えさせる

「憧れの卒業式の一場面です」と告げ、次の文章を読む。

〈中略〉25分間の最後の学活。「合唱をしたいのですが、よろしいですか」学級委員が許可を求める。「もちろんです」

　文化祭で歌った2曲。歌いながら、次々に泣き出した。女子はもちろんのこと、A男ほか何人もの男子が号泣していた。

　合唱を引き取って、私が歌った。ギターを弾きながら歌った。でも、嗚咽で歌にならない。子ども達の号泣がいっそう大きくなる。「先生、先生」と泣いている。A男も、T男も、全員が泣いている。〈中略〉

　TOSS中学代表、長谷川先生の学級の卒業式のエピソードである。この文章を読んだ後、「みなさんが、こんな素敵な卒業式を迎えるためには、どんな1年間にしたらよいですか」と問い、考えさせる。考えたことを近くの友人同士で交流させた後、指名して全体の前でも発表させ、一人一人の思いを全体で共有していく。ゴールの姿をイメージさせることで、そこに到達するまでには何をなすべきかが具体的に見えてくる。

4．書かせる

　黄金の三日間に、自分たちの学級の最終ゴールの姿について考えさせたら、その授業の感想を作文や日記などに書かせる。感想を文章にしたという事実は、学級の一員としてこれから学級全体のことに関わっていくという決意でもある。感想は、学級通信に載せて紹介していく。新年度が始まってすぐであり、お互いのことは良く知らない。だからこそ、紙面上で、学級のこれからについて、誰がどんな考えを持っているのかが紹介されることは、貴重な感情交流の場となる。

　新年度の生徒達のこの決意を維持していくために、担任がすべきサポートは、日々の生徒の姿を、学級通信に残し、褒め、励ましていくことである。そうすることで、学級の姿は、2学期、3学期となれば、4月からは想像できないくらい大きく変わっていく。（岡　拓真）

長谷川のコメント

　学級目標づくりとセットで行いたい。生徒の発言を引き出すのがこの指導の肝である。

第4章 「黄金の三日間」の流れをこうデザインする！

1 黄金の1日目 中1 生徒のやる気を高めるスタート
〜最高の出会いにする〜

1．新入生と在校生の違い

中学1年生の「黄金の1日目」は他の学年とは明らかに違うことがある。

> 中学校生活をがんばろうと、どの生徒も夢や希望を持って登校する。

そんな気持ちを高めるような1日目を演出したい。

具体的には中学1年生の最初の大きな行事である入学式を大成功で終わらせたい。また、3年間を通して指導し続けることや、知っておいてほしいことも1日目に伝えておくと良い。所信表明については時間のある2日目にしている。

2．ドキュメント黄金の1日目

中学1年生の中には、「最悪の6年生だった」と小学校から言われて、卒業してきた生徒もいるかもしれない。それでも、1日目に生徒と会う時は笑顔でいることが大切である。教師が笑顔だからこそ、生徒も緊張がほぐれ笑顔になり、やる気が増すからだ。

(1) 生徒登校

生徒が登校する。昇降口や下駄箱で生徒を待ち構える。「佐々木君、おはよう。良い笑顔で登校できたね」と名前を呼んで褒める。いきなり名前を呼ばれた生徒は一瞬戸惑うが、その後は笑顔で教室に向かっていく。

(2) 最初の学活

中学1年生の最初の学活では、呼び名の確認を行う。
「私はみなさんと出会えることを楽しみにしていました。最初の授業は名前を呼び、みんなが答える授業です。はいっ、と力いっぱい返事をします」
「ではいきます。相場正樹」「ハイッ」
「最初で緊張していたはずなのに素晴らしい返事です。もう一度みんなに聞かせてください。相場正樹」「ハイッ」
「これで他の人も安心して返事ができますね」
この後で全員の名前を呼び、次のように締めくくる。

「名前が間違っている人はいなかったですね。それでは1年B組40名と森田健雄の生活のスタートです」

このようにすると、返事だけで全員を褒めることができる。

(3) 入学式の説明

中学1年生にとっての最初の行事が、入学式である。ここで間違いが起きないように、入学式の説明は優先して行う。

> 式場図を拡大して掲示し、視覚的に理解しやすくなるようにする

というのが大事なポイントである。

入場の仕方、礼の仕方、返事の仕方、話の仕方、退場の仕方などを、実際にその場でやらせながら教えていく。できている生徒を褒めることで、動きも良くなっていく。

3. 1日目に教えること

(1) 継続することの大切さ

私は、中学1年生には日記帳を必ず配布して、以下のように話をする。
「みなさんには毎日日記を書いてもらいます。まずは100日続けましょう。なぜ100日か。運動でも勉強でも100という数字が大切だと言われています。水泳で100回泳いだ人が突然、目標の距離を泳げるようになったり、縫い物も100枚縫い終えるととても上手になるそうです」

(2) 最低限必要なルール

小学校と比べると、中学校は服装や頭髪などのルールが多い。そこをよく理解せずに入学した生徒は、最初から指導を受けることになる。そうならないためにも、服装や頭髪については帰りの会に丁寧に説明すると良い。その場で全員確認すれば、次の日には直っている。最初だからこそ生徒は素直に聞くのだ。(森田健雄)

長谷川のコメント

所信表明は、私ならば出会いの初日に行う。短くずばりと話せば済むからである。継続の大切さやルールこそ、時間に余裕のある2日目、3日目に教えるのが良い。

2 学年別黄金の三日間　中2の1日目
～先輩としての在り方を示す～

1. 中学2年生を貫くキーワード

中学2年生の黄金の三日間で、絶対におさえておきたいポイントは次だ。

> 「先輩になった」ということを自覚させること。

「先輩」というキーワードをいたるところで示し、「先輩とはどうあるべきなのか」ということを生徒に自覚させていくことが必要だ。とはいえ、「先輩らしく行動しましょう」では伝わらない。そのときに必要なのは次だ。

> 昨年自分たちが入学してきたときの気持ちを思い出させること。

常に、「1年生として先輩をどう見てきたのか」ということを生徒に確認しながら、「先輩のあるべき姿」を具体的にイメージさせていく。

2. 入学式の前に語る「先輩の姿」

クラス発表を終え、始業式・入学式の前に短い学活がある。中2を担任した際、必ず話す内容は次である。

これから入学式です。式の前に、思い出してみましょう。

昨年、入学してきたとき、あなた達はどんな気持ちでしたか？（生徒に言わせる。「緊張した」「不安だった」「楽しみだった」などが出る）

そうだよね。今日入学する1年生達も、1年前のあなた達と同じ気持ちで入学してきます。その1年生達との出会いの場面が、入学式です。

> 不安な気持ちで入学してくる1年生に対し、あなた達が入学式でしてあげられることは何ですか？

（「校歌をしっかり歌うこと」「無駄なおしゃべりやひやかしをしないで、式に臨むこと」などが出る）

その通りです。ぜひ、そういった「先輩らしい姿」を、入学式で1年生に

見せてあげてください。

このように話して教室を出る。「入学式は歌をしっかり歌いなさい」「無駄なおしゃべりをしないこと」と教師が直接言うのではなく、生徒から出させることがポイントだ。そのうえで、式が終わってから、がんばっていた生徒の名前をあげて褒める。「○○さんや○○くんは大きな口を開けて校歌を歌っていましたね。とても立派でした」「○○さんは式の間ずっと、背筋をピンと伸ばして座っていました。見ていて気持ちがよかったです」など具体的に褒めるのがポイントだ。

「そのように、1年生の模範となる姿が、『先輩らしい』ということだよね」と一言加えると、「先輩らしい姿」が具体的に共有することができる。

3．日常につなげる「先輩としての姿」

所信表明とあわせて、次の内容も毎回話をしている。

昨年1年間を思い出して、先輩にされて嬉しかったなぁということは何ですか？ 周りと言い合ってみましょう。（指名して言わせる。「部活で優しく教えてくれた」「がんばったことを褒めてくれた」などが出る）

では反対に、昨年先輩にされて嫌だったことは何ですか？（「部活で嫌みを言われた」「自分では片付けをしないのに1年生にばかりやらせた」などが出る。あまり多く出させると文句の言い合いになるので注意する）

あなた達は今日から先輩になりました。休み時間などにも「いい先輩になりたい」という声をたくさん聞きました。「いい先輩」というのは、最初にみんなが言ってくれたような行動を重ねていけばなることができますね。ぜひ、ここにいる全員が、「いい先輩」になってほしいなと思います。日々の姿を重ねていってくださいね。

「先輩の姿」を具体的にイメージさせることがポイントだ。（星野優子）

長谷川のコメント

尊敬する先輩の言動と不快だった先輩の言動はノートに書き出させることが重要だ。そして、どちらが多かったか、と問う。そのページは、その後1年を通して自らの行動を振り返る「ベースキャンプ」的役割を果たす。

❸ 黄金の1日目　中3
～最上級生のあるべき姿を引きだす～

1. あるべき姿のイメージを教師が持つ

　最上級生として、どんな姿があれば良いのか、教師がイメージを持ち続け指導することが大切だ。

　教育学者森信三氏は躾の三原則として、次の3つを挙げている。

> ・相手より先に挨拶すること。
> ・名前を呼ばれたら「はい」と返事をすること。
> ・履物を揃えること。

　私は、この3つに「時間を守ること」を加えた4つがあるべき姿と考えている。また、「履物を揃える」は後片付けである。後片付けは、その場の活動だけにとどまらない。この1年間は体験する全てが最後となる。修学旅行、部活動、体育祭、合唱コンクールなど、3年生としてあるべき姿を残し、それ以上の活動をつくりたいという気持ちを1・2年生に残すことが3年生の仕事と考えている。

　常々、それを生徒に語り、評価し続けて意識をつくっていく。

2. 指導の実際

「皆さんは、いよいよ今日から最上級生になりました。皆さんが1・2年生の時、どんな先輩にあこがれましたか」

　実際に名前と、どこにあこがれたのかを書かせる。書けた生徒から持ってこさせ、数名発表させる。

「逆に、どんな先輩が苦手でしたか」

　名前は不要で、何が苦手だと思ったか書かせる。A君は苦手だと思っても、B君はその先輩にあこがれていた、ということもあるので、発表は不要である。プリントに書かせるだけで良い。

「では、最高学年として、どんな行動を取ろうと思いますか」と、望ましい行動を書かせる。こちらも書けた子から持ってこさせる。こちらは板書させ、読み上げさせる。

「皆さんが良い先輩になろうということがよく分かりました」
　担任が笑顔で語ると良い。
「最上級生として、下級生にふれあう場面と示す場面があります。ふれあう場面とは、委員会活動や部活動で下級生と一緒に活動する時です。その時には、今、書いたり発表したりしたことを意識して行動してください」

> 示す場面とは言葉ではなく、行動で見本を示す場面です。

「次の４つは何歳くらいならできそうですか」

> 1　人より先に挨拶すること。
> 2　名前を呼ばれたら、「はい」と返事をすること。
> 3　靴を脱いだときに、履物を揃えること。
> 　※使った場の後始末をすること。
> 4　時間を守ること。

「小学生、ひょっとしたら保育園児でもできますね。誰でもできるけど、中学３年生の皆さんは、この４つ全てできていると自信を持って言えますか。私はこれを行動で示せる最上級生になって欲しいのです」
「後始末が分かりにくいかも知れません。後始末は、活動の片付けだけを示しているのではありません。これから迎える部活動の大会や２学期の体育祭、合唱コンクールなど、その一つ一つが中学校生活最後の活動の場です。皆さんが活動を終えた後で、１・２年生が来年はあなた達のようになりたい、もっと良いものをつくりたい。そう意識させるのが最上級生としての使命であり、後始末の一つなのです。行動で示してください。それが示せるから、３年生は学校の顔と言われるのです。立派な顔になって過ごし、１年後の卒業式を迎えましょう」（間　英法）

長谷川のコメント

　最上級生が憧れられる集団であれば、その学校は必ず良い学校になる。どんな生き方が憧れの対象になるか。ここを考えさせたい。

4 黄金の2日目　中1　学級のシステムを教える
～見通しを持てるようにする～

1．登校から放課後までの流れを教える

　中学1年生にとっては、中学校生活の全てが初めての事だ。「これくらいなら分かるだろう」ということも教える必要がある。

　例えば言葉づかいについてだ。小学校では、教師や目上の人と話す時には、敬語を使うことを指導していないことも多い。「先生や目上の人と話す時には、敬語を使います」と、全体に話すだけで良い。全体に言っておけば、後で個別で話す時に、「先生とは敬語で話すと言いました」と指導ができる。

　私は、「黄金の2日目」には、登校してから放課後までの流れを一気に教えている。

（1）朝登校したら、何をすればいいのか。
（2）朝の会はどのように行うのか。
（3）授業の準備や移動教室はどのように行うのか。
（4）給食の準備や片づけはどのように行うか。
（5）掃除はどのように行うか。
（6）帰りの会はどのように行うか。

　上記以外にも必要だと感じたことを細かく教えていく。

　中学校では、担任が朝の会以外はほとんど学級の生徒と会うことなく、給食の時間になってしまうということもある。生徒達が、担任がいなくても混乱なく1日を過ごせるように2日目を使う。

　一気に説明すると、忘れてしまうことも当然出てくる。

プリントを用いて説明することが有効だ。

　また、話すことをノートに書き出し、厳選しておくことも大事だ。必ず2日目に話すことには「A」、次に重要なことには「B」、後でも大丈夫なことには「C」と書いておくと、「A」のことについてだけ話せばいいので、余計なことを言わずにすむようになる。

2．生徒に伝わるように話す

では、具体的にどうやって説明すればいいのか。

> 生徒に質問しながら話を進める

ただ話を聞いているだけの時よりも集中して話が聞けるようになる。その時に、小学校ではどのように行っていたかを一緒に聞くと良い。中学校によっては、複数の小学校から登校している。どんな指導を受けてきたかを知るチャンスにもなる。

例えば朝登校してから何をするのかについては以下のように話をした。
教師「みなさんが登校したら、かばんはどこにしまいますか」
生徒「ロッカーです」
教師「そう、ロッカーですね。ロッカーにきれいにしまいます。その時に朝、必要なものを出しておきます。例えば何がありますか」
生徒「筆箱です」
教師「そうですね。筆箱と、朝読書の本も必要です。そして、8：25には座って先生を待ちます。では、電気をつけたり、窓を開けたりするのは誰ですか」
生徒「早く来た人？」「日直？　班長？」（様々な意見が出たら教師が決めれば良い）
教師「このクラスでは日直の仕事とします」

登校から放課後まで説明していくと時間はかかるが、2日目だからこそ、生徒は集中して全てを覚えようとがんばる。これが、何か起こってからにしようと考えると、対応が後手後手になってしまい注意する場面が増えてしまう。2日目だからできることなのだ。（森田健雄）

長谷川のコメント

学級のルールを整えるには、朝から帰りまでの生活を鮮明にイメージさせるのが有効だ。長谷川の巻頭論文も参考にしてほしい。

学年別黄金の三日間　中2の2日目

～新たなシステムを確立する～

1.「調整」がポイントだ

　中学2年生の2日目。生徒の自己紹介や学級目標決め、係・委員会決めなどの決め事とともに、学級のシステムを確立することが必要である。

　生徒は、1年生時、それぞれの学級で1年間生活をしてきている。学校としての大枠のルールは同じだが、細かなルール・システムについては担任によって異なる。新たな学級での変化に「前の学級ではこうだったのに」という言葉が出やすいのも、2年生の特徴である。そのなかで、担任は新たな学級のシステムを作らなければならない。ポイントは次だ。

> 生徒の意見を聞きながら調整をしていくこと。

　担任として、給食や掃除、朝の会や帰りの会など「このようなシステムで1年間やっていこう」と準備をしているはずである。しかし、生徒に「このように進めます」とすべてを教師主導で進めると「去年は違った」という声が増え、生徒の反発となる可能性が高い。生徒の意見を聞きつつ、担任として作っていきたい学級のシステムを調整していくことが必要だ。

2. システム構築の実際

　例えば、給食指導の確認場面である。生徒とやりとりをしながら進める。
「給食の準備ですが、昨年、それぞれのクラスでやり方も違ったと思うので確認していきましょう」

（1）学校としての統一事項

「A中学校では、給食当番は班で行い、1週間交代ということが決まっています。また、当番と配膳担当の生徒以外は座って読書をするというのも学校の決まりですので、これはクラスに関係なく、行っているはずです」

（2）クラスによってどのように取り組んでいたかの確認

「では、配膳をする人ですが、これはどのようにしていましたか？　全員が自分の分を作っていたというクラスはどれくらいありますか？　配膳をする班が決まっていたというクラスは？　それ以外の方法はありますか？　分か

りました」

（3）どの方針で行くか、教師が決定する

「様々な方法がありますが、〇組では、まずは配膳の班を決め、担当班の人達が配膳をしていくことにしましょう。これで何週間かやってみて、不都合があれば、みなさんの意見を聞いて調整していきたいと思います」

上記の流れで一つずつ進める。このとき、ポイントとなる言葉は次だ。

> 「まずはこの方法でいきましょう」と今後変更の可能性を伝えること。

学級ではそれぞれの方法があるが、どれがよいか一つひとつ協議している時間はない。様々な意見を踏まえ、教師が仮決定をする。しかし、「やってみてうまくいかなかったら、今後みんなでよりよいシステムに変更していきましょう」という余地を残しておくのである。

このように進めると、おおむね教師が予定していたシステムをベースにし、生徒が納得して学級のシステムを決めることになる。

話だけだと忘れてしまう生徒もいるので、プリントを準備したり、黒板に書いたりしながら進めることも状況に応じて必要である。

3．全員で確認してスタートする

学級の細かなシステムを決めるときには必ず次のことが必要だ。

> 全員がいる前で決定事項・変更事項を伝えること。

向山洋一氏は「授業の腕を上げる法則」の一つに「全員の原則」を挙げている。ある生徒は知っているのに他の生徒は知らない、ということがないように、全員が話を聞いた状態を作り、スタートさせたい。（星野優子）

長谷川のコメント

この指導の肝は、広く聞いた後、簡潔な理由をつけて一つに絞ることである。

6 黄金の2日目　中3
〜受験を意識させる〜

1．年間計画を使い、先を示す

　4月当初は修学旅行や部活動の大会に気を取られ、受験という考えに至らないことがある。年間計画を使い、先が見えるようにすると受験への意識づくりが行える。

　学校でつくっている年間計画等を使い、次のような予定表をつくる。紙幅の都合上、上下を縮めているが、実際にはA4くらいがよい。進路関係の右側に余白があるのはメモをとらせるためである。

月	行事	テスト	進路関係	
6	市内体育大会 地区陸上大会		体験入学開始	
7	地区大会 保護者会 終業式		三者面談	
8	始業式	第1回実力テスト		
9	体育祭	中間テスト		
10	合唱コンクール 教育相談	第2回実力テスト 第3回実力テスト	進路相談	受験先の選定
11		期末テスト 実力テスト	進学説明会	受験プランの作成
12	保護者会 終業式		進路相談 三者面談	受験プラン決定
1	始業式 保護者会	第4回実力テスト	三者面談	私立1月入試
2		期末テスト		私立2月入試 公立特色化選抜
3	卒業式			公立一般入試 私立3月入試

2．逆算して考えさせる

「まだ、3年生になったばかりで、まだ実感が無いかも知れませんが、高校入試の話をします。1年後には中学校を卒業し、多くの人が高校生活を送っていると思います。この用紙には、1学年上の先輩、それ以前の先輩の進学先が記されています」

　進学状況を記した一覧を配布する。単年度より3年間ほどの進学状況があった方がより詳細にイメージがつかめる。

「では、どんな計画で進みたい高校を決めるのでしょうか。これは、現在（4月）から考えるのではなく、入試がいつ行われるのかを見ると考えやす

第4章 「黄金の三日間」の流れをこうデザインする！

いのです」と、1で記したプリントを配布する。

> 入試は1月から始まります。その受験希望校の確認は12月の三者面談です。ここで決定しないと、1月の入試に間に合わなくなります。

「12月の三者面談で決定するには、それまでにどの高校に進学したいのか、考えておく必要があります」

> 普通科志望であれば、まずA高校、次の希望がB高校。受験日程の違うC高校を第二志望に、というようにです。

「最初にどの学校を受験し、次にどの学校を受験するのかと考えるのが受験プランです。このプランづくりが11月から12月にかけてです」
「受験先の最終決定は実力テストの結果によるところが大きいでしょうが、自分が進みたい学校を選ぶには自分の目で見るのが一番です。この機会が体験入学で、申し込みは6月下旬から始まります」

> 今（4月）から自分が進みたい学校を考えていた方が良いのです。

「1校にとらわれず、気になる学校にはできるだけ見学に行った方が良いです。第二志望の学校にも見学に行きます。高校受験は競い合いです。不合格になり、第二志望の学校に進学することもあります。A校を第一志望とするけど、第二志望はB校かC校かな？　と12月に考えた場合、見学に行ってない学校を選ぶのは不安があります。行けば良かったということにならないようにしましょう」

　この後、卒業生の進学状況先を見て自分の進学先を考えさせる時間や近くの人とフリートークさせ、質問を受け付けても良い。（間 英法）

長谷川のコメント

　年間の見通しを持たせることは学年を問わず重要である。それはとりもなおさず、最終地点に向かって毎日を自覚的に生きることにつながるからである。

黄金の3日目　中1　褒めて動かす

～教師が見本を示し、一つ一つ教える～

1. 3日目に大事なこと

　中学1年生の「黄金の3日目」、元気の良い生徒の中には、好き勝手な事を始めることがあるかもしれない。

> 2日目までに教えたことができている生徒を褒め、ルールやシステムを定着させる。

　これが3日目のポイントだ。例えば、朝教室に行ったら、まずはロッカーを見る。2日目に、「登校したらかばんをロッカーにしまう」というルールを教えているので、それができている生徒を褒める。「かばんがきれいにロッカーにしまってありますね」と、一声かけるだけで良い。
　そうすると、慌ててかばんをしまいに行く生徒もいるだろう。その時は、特に何も言わなくて良い。自分で気づいたのなら良い。
　朝だけでも、挨拶の仕方や、日直の仕事についてなど褒める場面はたくさんある。前日に教えたことを、教師も確認したうえで臨むと良い。

2. 一緒に確認しながら進める

　3日目には給食や掃除、集会、授業、部活などが始まる学校が多いだろう。中学1年生は何をするにも時間がかかるということを念頭に置いて全てを進める。その時に大事なポイントがある。

> 率先垂範で進めることだ。

　給食や掃除の1回目は全て教師が行い、生徒が補助をするだけでも良い。生徒だけに行わせるのではなく、教師が自ら動くことが大事だ。教師が自ら動くと、生徒がどこでつまずいてしまうかもよく分かる。
　また、給食、掃除の両方をきちんと行わせるために、私がチェックしているのは以下のことである。

> （1）服装
> （2）用具の場所や使い方
> （3）役割分担
> （4）始まりと終わりの方法

（1）服装

　掃除や給食の時の服装については、学校で指定されているはずだ。ここで徹底しておかないと1年間徹底されずに終わってしまう。時間がかかっても良いので、教師がチェックをしてから動き始めることだ。

（2）用具の場所や使い方

　例えば、掃除では用具の使い方が分かっていない生徒もいる。使い方が分からないと遊んでしまうだろう。ここでも教師が使い方の見本を示して、やらせてみれば良い。

（3）役割分担

　誰が何をするのかが分かっていないと混乱を招いてしまう。自分はやることがないからと、遊ぶ生徒も出てくるかもしれない。これも教師が一つ一つ確認すれば良い。

（4）始まりと終わりの方法

　掃除でも給食でも、始まりと終わりの方法が学校で決まっているはずだ。そこを最初から適当にしてしまうと、掃除場所が変わった時に、他の教師から指導を受けることになりかねない。ここも教師がついて一緒にやっていけば良い。

　中学1年生のこの時期に徹底して指導したことは、3年間継続されていく。教師が面倒くさがらずに自ら動くことが大事だ。（森田健雄）

長谷川のコメント

　中1で荒れた学年を担当するのは大きな困難を伴うものだ。中学1年の学級生活の成功が、中学校生活の成功の基盤となる。念入りに、丁寧に実践するのがよい。

学年別黄金の三日間 中2の3日目

~システムのチェック機能を働かせる~

1. 活動の評価評定が必要である

　中学2年生の3日目となると、係や委員会も決まり、新たな学級の体制が固まってくる頃である。同時に、生徒も新しい学級に徐々に慣れてくる。生活の様子にちょっとした気の緩みが見られたり、自分の仕事に対して手を抜く場面が見られたりするようになる。

　そのような状況を見逃していくと、学級のシステムやルールを守らなくなっていき、学級の崩れにつながっていく。この3日間で「学級のシステムの通りに動くと快適である」という状況を作っていくことが必要である。

　そのためには、次のことが必要だ。

> 生徒の活動の評価評定をし、活動を軌道に乗せること。

　やらせっぱなしではなく、活動状況をチェックし、評価評定を行うのである。「チェック」というと取り締まるイメージが強く、どちらかというとマイナスの印象を受けるが、必ずしもそうではない。仕事をしっかりとしている生徒を褒め、仕事を促進する作用としてうまく活用したい。

2. チェック方法具体例

「チェック」と言っても、大袈裟に行う必要はない。短く簡単に、仕事の進捗状況を確認する場をつくればよい。例えば、係の仕事状況をチェックする手立てとして、次のような方法が考えられる。

(1) 帰りの会で、教師が「今日、係の仕事をした人?」と挙手をさせる

　単純な方法だが、一定の効果がある。このときのポイントは、「仕事をしていた生徒を褒める」ということである。

「今、手を挙げた人達は自分の仕事に責任を持ってよく取り組んでくれていますね。そういう人達が学級を支えてくれています。素晴らしいです」などと短く褒めるだけでよい。また、「まだ今日仕事をしていない人は、仕事をしてから帰りましょう」と促す。数日続けるだけで生徒の動きは変わる。

（2）日直が、各係の仕事をしているかをチェックするシステムにする

これも有効だ。教師の手をかけずに、生徒同士で確認をし合い、仕事を忘れないようにすることができる。最初のうちは、日直の生徒と一緒に教師もチェックをしてまわるとよい。

「連絡黒板に明日の連絡が書かれているか」「花の水やりはしてあるか」などチェック項目を決め、まだ仕事をしていない場合には担当の生徒に「帰りの会までにやっておいてね」と声をかける。最初のうちは手がかかるが、生徒だけでできるようになると、生徒の自立心も芽生え、生活ぶりも落ち着いてくる。

3．「褒める」ことが大切だ

いずれの方法にしても、根本的な考え方は次だ。

> 叱って動かすのではなく、「褒めて動かす」という意識を持つこと。

新しい学級になり、新たなシステムの中で動く生徒達にとって、自分の仕事を忘れずに行うことは決して当たり前ではない。仕事の内容も、いつ、何をすればよいのか明確にしておく必要がある。自ら進んで仕事をしたこと、忘れずに自分の仕事を行ったことを褒め、本人だけでなく、学級全体にも伝えていく。学級通信で家庭に知らせることも有効だ。

たとえサボっている生徒がいたとしても、「サボる生徒がいて当たり前」という意識で構え、教師が一緒に仕事をしていけばよい。仕事を終えたら「次は自分からやろうね」と一言伝えて去ればよいのである。

人は、褒められるから次もがんばろうと思うものだ。よい行いを全体の前で取り上げて褒め、他の生徒にもその動きが伝わるような雰囲気作りを行っていくのもまた、担任の仕事である。（星野優子）

長谷川のコメント

「清掃で汗をかいた人、立ちなさい」と帰りの会で指示する。立った生徒を褒める。このような具体的なフィードバックを積み重ねることである。

9 黄金の3日目　中3
〜自分達で学校を作る意識を持たせる〜

1.「学校の顔」としての行動の仕方を教える

　新学期が始まって3日目ともなれば、いくつもの行事が終了していることだろう。いずれの行事も、3年生が表舞台に立つ機会が多くなる。そのような場で見せる3年生の姿＝その学校の姿である。その意味で、3年生は、良くも悪くも「学校の顔」である。このことを自覚させることが、自分達の手による学校作りの第一歩になると考える。

　その自覚を促すために、例えば、入学式の様子を取り上げて話をする。
「入学式での皆さんの態度は、とても素晴らしかったです。A君やBさんは、背筋をピンと伸ばして話を聞いていました。Cさん、Dさんは、口を大きく開けて堂々と校歌を歌っていました。来賓の方からも、とても気持ちの良い歌声だったとお褒めの言葉をいただきました。最上級生である皆さんの一挙手一投足は、常に注目されています。皆さんの姿が、この学校の姿なのです。その意味で、皆さんは『学校の顔』です。皆さんの行動一つで、○○中が良くも悪くもなります。より良い方向へと導いていけるように、これからの学校生活を送っていきましょう」

　ポイントは、

> 望ましい行動を具体的に取り上げ、褒める

ことである。「3年生なのだから、しっかりしなさい」と言っても効果はない。具体的な行動を示すことで、理想の姿を自覚させることができる。

2.「学校のリーダー」としての行動の仕方を教える

　生徒会役員、委員会の委員長、部活動の部長は、まさに学校を引っ張るリーダーである。しかし、そのような役職についていない3年生の方が圧倒的に多い。ならば、役職のない3年生はリーダーではないのだろうか。私の考えは、「否」である。たとえ役職についていなくとも、リーダーとしての役割を果たすことはできる。そのことを通して、学校作りに参画できる。そのことを具体的な行動を通して伝えたい。次のように語り、生徒の行動を促

し、私も一緒に行動する。

「生徒会オリエンテーションで前に立ち、発表した皆さん、お疲れ様でした。E君は、原稿をすべて暗記して臨んでいましたね。Fさんは、全体に目を配りながら、発表をしていました。集団を引っ張るリーダーにふさわしい姿でした。でも、ここで考えてほしいのです。生徒会役員や委員長、部長でない３年生は、リーダーではないのでしょうか。私の考えは、『No』です。そんなことはありません。○○中学校がより良い方向へ進んでいく、そんな雰囲気づくりをすることは、役職がなくてもできるのです。具体的には何をするか。たったの３つです。『時を守り、場を浄め、礼を正す』。これを実践することです。常に時間を守って行動をする、担当場所の清掃を一生懸命行う、あいさつを礼儀正しくする、の３つです。これは、誰でもできますが、これさえできていれば、集団はより良い方向へと進んでいくことができるのです。１、２年生に範を示せるように、まずは３年生がこの３つを率先して実践していきましょうね」

語った後は、実践している生徒を褒める。その場で褒める、学級通信で紹介して褒める、朝や帰りの短学活で褒める、保護者へ一筆箋を書いて伝える、場合によっては、校長からも褒めてもらう。様々な方面から褒めて、行動を強化していくことで、望ましい行動ができる生徒を増やしていく。

ポイントは、

一人ひとりの具体的な行動が、学校を作っていくということを伝える

ことである。役職についていても何も行動しなければ意味はないし、役職についていなくとも、具体的な行動を起こせば学校を変えていくことができる。多くを語らずとも、背中で示すことができる人こそ、リーダーである。そのような意識を持たせて、新学期をスタートしたい。（上野一幸）

長谷川のコメント

中３にとっては、すべての行事が中学校生活最後である。この意識を持たせれば立ち居振る舞いが変わる。

1 五色百人一首
～国語だけではもったいない～

1. 数多くの学級を救った「五色百人一首」

「五色百人一首」は百人一首を20枚ずつの五色に分けたものである。20枚での対戦なので、1回戦あたり3分程度でできる。毎日の帰りの会で、国語の授業の最後に、学活などの残った時間に、様々な場面で実施できる。

この教材を使うと生徒が教師の指示を聞くようになる。また、男女の仲が良くなり、学級が知的で明るくなる。なぜか。それは「かるた」特有の以下の特徴があるからだ。

---
①教師が進行役。（教師の言うことを聞かないと進まず、楽しくない）
②「静かさ」を体験できる。（うるさいと読む声が聞こえない）
③手が自然と触れ合う場面ができる。
④「勝ち」「負け」だけでなく、「何枚とれた」という達成感がある。
⑤「得意札」を覚えることで自信になる。

これらのことが「はいっ」と声や動きがある楽しい雰囲気の中で実現できる。学級のまとまりをつくるのに欠かせないツールだ。

2. 黄金の三日間、準備から最初の実施まで

①準備編

「五色百人一首」は東京教育技術研究所のHP（http://www.tiotoss.jp/）から購入できる。読み札は一つ、取り札は生徒数の半分（40人なら20個）あれば学級で実施できる。（読み札に指導の手引きもついている。）

公費でも良いが、1クラス分自分で買っておくといつでも使えて便利だ。購入したら、適当な大きさのカゴや段ボール箱にセットで入れておく。

②実施編

最も大切なことは次の点だ。

> ルールは対戦中の楽しい雰囲気の中で、一つずつ指導していく。

　例えば、1枚読んだら「取るときは『はい』と言いなさい」もう1枚読んだら「同時の時は手が下の人が取ります」という風に進めていく。
　詳しい指導の手順や言葉などは、札を買うとついてくる手引きや、「五色百人一首インフォメーションセンター」下段の方にある「五色百人一首の指導法」(http://homepage2.nifty.com/chihaya/sidouhou/flame01.html) などにセリフの形で載っているため、そのまますぐに実践ができる。

3．うまくいかない、こんな時には？

①生徒が乗り気にならない。

「1枚覚えさせる」「1枚とらせる」ということに全力を注ぐ。例えば「目の前の札でも良いから『これだけは相手に取らせない』という札を1枚決めて覚えなさい。裏に上の句が書いてあるからね」と呼びかけ、その生徒が見た札を1枚目に読んでやる。また、百人一首でハードルが高いようなら、「名句百選かるた」の方が取り組みやすいため、そちらを検討しても良い。

②学活などで実施する時間がとれない。

　最初の指導は2回戦やるとして10分ほどかかるが、その後は1回戦あたり3分程度で終わるので、帰りの学活や、学活などを少し早目に終わらせることで時間をつくれる。2回戦だけでもやれば、生徒は「またやりたい」と言う。次もやりたいくらいの方が、飽きも来ず、ちょうど良い。

「五色百人一首」は購入してすぐ手引き通りにやってみることで、最初の効果が実感できる。上手くいかないことも出てくるが継続して取り組むことで着実に学級が変化していくことを感じられるだろう。（横田　智）

長谷川のコメント

　男女の仲が良くなる、学級の雰囲気が明るくなる、文化を大切にする知的な生徒が育つ。「五色百人一首」を活用して十数年毎年生まれる事実である。ちなみに私は1日3回戦行ってきた。10分間あればできる。

2 ペーパーチャレラン
〜柔軟な発想力を育て、学級集団づくりの土台となる教材〜

1.「ペーパーチャレラン」とは?

「ペーパーチャレラン」は、「学習ゲーム」の一種である。まず、右のようなプリントを一人に1枚渡す。各自、ルールに従ってゲームを進めていき、最終的な得点を競うというものである。右の「しりとりチャレラン」ならば、指定された言葉を使ってしりとりをしていき、いくつの言葉をつなげることができたかで勝敗が決まる。「答」は一つではないから、繰り返し何度でも挑戦することができ、柔軟で創造的な発想力を育むことができる教材である。

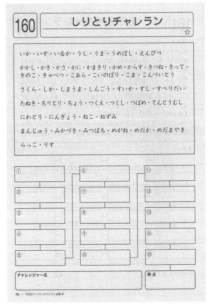

また、得点を競うので、生徒同士の交流が生まれる。得点を教え合ったり、頑張りを認め合ったりする場面が生じ、学級集団づくりに有効である。

2. 準備物は、大量に印刷したペーパーチャレランとマグネットのみ

ペーパーチャレランは何百種類もあるが、その中から厳選されたものが「ペーパーチャレラン全集」(全4巻、東京教育技術研究所)にまとめられている。その中から、その日に行うペーパーチャレランを1つ選んで印刷し、教室に持っていく。ポイントは、

> 大量に印刷して持っていくこと

である。私の場合、40人学級なら80〜90枚ほど印刷して準備しておく。2回、3回と挑戦する生徒にどんどんプリントを渡す。始める前には、次のように説明する。

「今から、頭の体操、学習ゲームをします！　ペーパーチャレランと言います。机の上を筆記用具だけにします。

　プリントに名前を書きなさい。しりとりチャレランです。四角の中にある言葉を使って、しりとりをします。高得点が出たと思ったら、前に持ってきなさい」

　プリントを配ったら、黒板に１位、２位、３位と順位を書いておく。得点の高い生徒が１位となる。生徒がプリントを持ってきたら、当てはまる順位のところに自分のプリントを貼らせる。その結果、３位から転落した生徒のプリントはどうするか。

> 記録を抜いた生徒が、「残念でした」と言って転落した生徒に手渡す。

　もちろん、記録を抜かれた生徒は再挑戦しても良い。黒板の前では、互いの点数を見せ合ったり、上位者の点数に間違いがないかチェックしたりする姿が見られる。自然と生徒同士の交流が生じ、学級の雰囲気が和む。

3．実践する際のちょっとしたポイント

(1) 15分程度の隙間時間で行う

　あまり長時間行うとダレてしまうので、生徒達が「もう少しやりたい」と思っているくらいでやめておく。

(2) ルールが易しいものを選ぶ

　以前、ルールがやや複雑なものを選んでしまい、説明に手間取り、活動させる時間が少なくなってしまった経験がある。生徒達が、すぐにルールが理解できるものを選び、早く活動させた方が良い。おススメは、前掲の「しりとりチャレラン」である。ぜひ試していただきたい。（上野一幸）

長谷川のコメント

　ペーパーチャレランは拡散的思考力を育成する優れた教材だ。生徒を熱中させる教材を一つでも多く教室に準備しておくのがプロの仕事である。

3 「ふれあい囲碁」
～教室に熱中状態を生み出すスグレモノ～

　プロ棋士安田泰敏九段が始めた「ふれあい囲碁」は、4月の学級開きで使うことのできるオススメのゲームである。4月は、まだ生徒同士の交流が少なく、一人ひとりがバラバラな状態の時期である。学級を明るい雰囲気にし、生徒同士の関わりを増やすために有効だ。次の良さがある。

（1）ルールが簡単で、3歳の子どもでも理解できる。
（2）対戦する中で、会話やアドバイスなどの、交流が生まれる。
（3）勝負がすぐつき、短い時間で何度も対戦できる。

1．学級で男女対抗戦を行う

　ある年、新年度3日目に「ふれあい囲碁」を行った。掲示用のふれあい囲碁セット（マグネット）を用いて簡単に説明した。以下のように、1つひとつ教えていった。

①線と線が交差しているところに置く。
②黒と白交代で1つずつ置く。
③囲むと、囲んだ石を取れる。
④1つでも取れたら勝ち。

　まず、教室内の廊下側に男子、窓側に女子を1列ずつで並ばせて、男女で対戦を行った。「右に置いて！」「そこ、そこ！」とアドバイスや声援が飛んだ。初めて同じクラスに

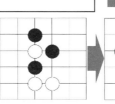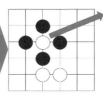

なった生徒同士が「どこに置いたらいい？」「左に置けばいいんじゃない」と話し合う場面が見られた。ルールの理解があいまいな生徒も、全員でやる中で覚えていった。男女対抗戦を行うと、いつの間にか生徒達に団結心が生まれ、笑顔になっていった。

2．個人戦を行う

　男女対抗の団体戦で学級の雰囲気が和み、全員がルールを確認したところで、1対1の個人戦を行った。手順は以下である。

> ①隣の席の生徒と２人組になり、机を向かい合わせにして対戦する。
> ②勝負がついたら負けた人は教室の前に来る。勝った人は席で待つ。
> ③負けて教室の前に集まった生徒が２人以上になったら、負けた人は別の席に動き、ペアを入れ替えて対戦する。

　個人戦では、じゃんけんをしたり、「お願いします」の挨拶をしたりと、男女関係なく様々な生徒と交流できる。そのため、緊張がだんだんと打ち解けて和み、生徒の笑顔が見られるようになった。

3．リーグ戦を行う

　また別の年には、次のように実践した。

> ①班ごとに男子で対決、女子で対決
> ②班の男子１位　VS　班の女子１位　で班のチャンピオンを決める。
> ③班のチャンピオンのリーグ戦で学級の１位を決める。
> ④学級の１位　VS　先生（掲示用囲碁を用い、他の生徒は観戦する）

　大人しい生徒が学級の１位となり、さらに教師との対決でも見事勝利を納めた。教室内に歓声が沸き、「Ａ子さんすごい！」と注目を浴びた。「ふれあい囲碁」には、やっている方だけでなく、自分以外の対戦も楽しく見ることができる良さがある。また、団体戦、個人戦のみでなく、ペア戦など様々なバリエーションで演出することが可能である。

　その後、昼休みには教室のあちこちで「ふれあい囲碁」をし、それを周りで見守る生徒が見られた。普段、友達となかなか上手くコミュニケーションをとれない生徒も和気あいあいと「ふれあい囲碁」をする姿が生まれる。その中で会話も生まれる。それが「ふれあい囲碁」の魅力である。

※なお、掲示用のふれあい囲碁セット、子ども用のふれあい囲碁盤と碁石（子供用は、１つ200円程度）は、ホームページ「ふれあい囲碁ネットワーク」（http://www.fureaiigo-net.com/）から購入することが可能である。（柴山　悠）

長谷川のコメント

　私もこの教材を必ず持ち込む。休み時間にも行えるよう、背面黒板にマグネット版を貼っておく。年間を通して盛り上がる優れ物だ。安田九段の著書はぜひ読んでみるとよい。私は読み聞かせたこともある。

4 「五色名句百選かるた」
～百人一首は敷居が高いというあなたへ～

1．「五色百人一首」との違い

「名句百選かるた」は「春夏秋冬と新年」の5つの季節それぞれに20枚ずつ俳句の名作をとりあげ、かるたにしたものである。基本の指導法や活用方法などは、**1**の「五色百人一首」と共通しているため、参照して欲しい。

その上で、「五色百人一首」にはなかった以下の特徴①～③について、ここでは主に取り上げる。

①取り札にイラストがついているため覚えやすい。
②百人一首より一句が短く覚えやすい。
③季節毎に札が色分けされ、季語の指導などにもつなげられる。

2．特徴を生かした指導例

①絵を生かす

「名句百選かるた」のイラストは俳句のプロの指導を受けながら描かれたものである。そのため、句の情景が絵だけでもよく分かり、字だけでは取るのが難しい子も抵抗なく取ることができる。「絵からも探せる、覚えられる」という体験をさせることで、苦手意識を取り除いていく。

例えば「梅一輪　一輪ほどの　暖かさ」の札は一輪の梅の絵が描かれている。このように最初の5文字が絵と対応している札は各季節で半分ほどある。これを意識させるようにしたい。

読んだ後に「最初の5文字だけで絵を見れば取れるね。」のように時々言う、「梅一輪、梅一輪……一輪ほどの暖かさ」のように読み方を変化させる、対戦前に「最初の5文字が絵になっている札を探しなさい。」と呼びかける、など様々な手立てで絵と対応させる。

②五・七・五を生かす

「五色百人一首」では「取るときに『はい』と言って取ります。」と指導す

るが、名句百選かるたでは「取るときに『暖かさ』と言って取ります。」のように最後の5文字を言わせると覚えさせやすい。また、短くて覚えやすいからこそ、カードゲームのような新たな遊び方も生まれている。(http://www.tos-land.net/teaching_plan/contents/13456)

③**季節分け・季語を生かす**

「名句百選かるた」は季節によって分かれているため、実施する季節に合わせて色を選ぶのが良い。そうすることで日常の中でも身の回りの季節の移ろいに気づくようになる。

また、季語を取り上げてクイズのようにしたり、授業にした実践もある。

3．勉強が苦手な子も自信をもてる「名句百選かるた」

百人一首の場合、小学校時代の担任によって極端に百人一首の実力にばらつきが出ることがある。誰もかなわないほどの実力をつけている生徒がいる一方で、「もう百人一首は嫌だ」と感じている生徒もいる。しかし、「名句百選かるた」は中学校で初めて取り組む場合が多く、スタートがほぼ同じになる。また、イラストや句が短いおかげで、百人一首では勝つことができなかった相手に勝つという場面も出てくる。「名句百選かるた」は勉強の苦手な子にも自信を育てる教材だと言える。

4．様々な指導方法を学んで活用する

「TOSSランド」のHPで検索キーワードに「名句百選かるた」と入力して購入すれば、基本的な使い方から、授業化した指導案まで様々な実践例を見ることが出来る。上に挙げた3つの特徴から、他にも色々な使い方ができるかもしれない。様々な使い方を試しながら、名句に親しむ子どもを育てていきたい。(横田　智)

長谷川のコメント

「教育トークライン」(東京教育技術研究所)で3年間、「五色百人一首」と「五色名句百選かるた」の実践を連載した。やんちゃへの対応や盛り上げるコツなどである。ぜひ読んでほしい。

5 名前ビンゴ
〜隙間時間を有効活用！〜

1．ゲームの外せないポイント

新学期に行うゲームでは、特に次のことを意識している。

> 生徒同士の交流があること。

新しい学級での緊張した雰囲気を和やかにするとともに、生徒同士の交流を生み、関係作りの第一歩とすることが、新学期に行うレク・ゲームのねらいである。そのねらいに適したゲームの一つが、名前ビンゴである。

2．ゲームの進め方

（1）ビンゴシートを配布する。（次ページ）
「これからビンゴをします。○の中に、1〜36（出席番号）の中で好きな数字を書きなさい」と指示し、○の中に数字をランダムに書かせていく。
（2）書き終わったところで、生徒に次のように指示する。
「今書いてもらったのはクラスの仲間の出席番号です。これから、その出席番号の人のところに行って、名前を書いてもらいましょう」

生徒を一人前に出し、モデルを示す。「出席番号○番の○○です。よろしくお願いします」とお互いに言い（握手をさせてもよい）、シートを交換して下の段に名前を書く。右図のように、黒板に提示すると生徒も分かりやすい。

（3）「では、シートが全部完成したら前に持ってきます。よーい、始め」

3．全員が交流できる

この指示で生徒は教室中を動き回って交流することになる。全員と交流しないとシートが完成しない、というのがポイントだ。おとなしい生徒も「20番の人？　誰？」と積極的に生徒とシートを交換するので、あまり差ができずに進んでいく。

シートが完成したら教師のところに持ってこさせる。教師は「早い！　1番、2番……」と、シートにOKサインを入れて返してあげればよい。

終わった生徒には「終わった人は、席に戻って、それぞれの名前にふりがなを書いて待ちましょう」と指示を出す。読み方が分からない場合には再度聞きにいってもよいことを伝えると、また交流が生まれるし、シートが完成しない生徒の時間調整にもなる。

4．やっとビンゴ

全員が完成したところでビンゴ開始である。名前を書き合うだけでも交流になり、ここからネームプレートなどを使ってビンゴを進めていくとさらに盛り上がる。ぜひお試しいただきたい。（星野優子）

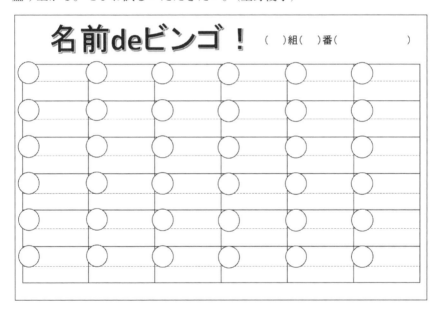

長谷川のコメント

このような小ネタを幾つも懐に忍ばせておくことだ。学級全員で盛り上がる経験で集団形成が促進される。

6 口に二画の授業
~授業開きの鉄板ネタ！~

1．簡単、しかも熱中！

　TOSS代表向山洋一氏の「口に二画」の実践は、授業開きにお薦めである。なぜか？　誰でも楽しめ、生徒が熱中して取り組むからだ。課題が簡単、明確であり、教室全体が盛り上がるシステムが組み込まれている。

2．課題が簡単、明確

> 口に二画付け加えてできる漢字を作りなさい。

　最初の発問である。これだけでは分からない生徒もいるので、「例えばどんな漢字がありますか」と加える。指名した生徒が「田です」と答えると、周りから「あぁ、そういうことか」と声が上がる。教師が説明しなくてもこれが例示となる。「国語のノートに、①田、と書きなさい」と言い、教師の板書と同じようにノートに写させる。箇条書きの指導でもある。1つ目で分からなければ、生徒から2、3個例を挙げさせてもよい。

　「続けてできるだけたくさん書きなさい」と言うと、生徒が一斉にノートに向かう。その後、鉛筆の手が止まっている生徒の元へ行き、口頭でヒントを出したり、ノートに書いたりして例示を出していく。書けたらすかさず褒める。幾つかありそうだと気づくと、自分で掲示物の中から漢字を探すようになる。課題が簡単、明確だから誰でも取り組むことができる。

3．教室全体が盛り上がるシステム

　ただ探させるだけではなく、教室全体が盛り上がる演出をするのも教師の仕事である。机間指導しながら「その字があるのかぁ。よく見つけたね！」「○○君は□個書いている。早い！」と全体に聞こえる声で伝える。これがいい煽りになる。また、2分程経ったら、いくつ書けたか挙手をさせて確認する。箇条書きをしているから、何個書けたかすぐに分かる。生徒は自分が全体の中でどれだけ書けているかを確認できる。

　一番多く書いている生徒（最高が10個程度になっているのを机間指導で確認しておく）に、書いた漢字を全て板書させる。他の生徒の視線が黒板の文字に向けられる。書いた生徒を褒めて、次の指示を出す。

自分も書いていた漢字には赤で丸をつけなさい。

自分が書けなかった漢字はノートに書きなさい。

> さらに3つ、付け加えられる人？（※いなければ2つでもよい）

　1人を指名して板書させる。漢字を1つ書く度に声が上がる。3つ書き足せる人を順次指名していく。いなくなったら、

> さらに2つ、付け加えられる人？

と聞く。1つ書く度に上がる驚きの声。2つ書き足せる人を順次指名。

> さらに1つ、付け加えられる人？

　解答させる漢字の数を3つから2つ、そして1つへと絞っていくことで、たった1つの漢字を書く生徒に注目が集まる。拍手や歓声が上がる。誰も思いつかなかった漢字をやんちゃな生徒が書いた時には、周りから驚きの声が上がる。勉強が苦手な生徒が活躍する、いわゆる逆転現象が生まれる。教室はいつの間にか熱狂状態になる。以下の漢字が解答例である。

> 田目申由甲兄白古占石右四囚旧旦召台只号叶叫叱加史句可司

4．授業の最後に語ること「授業の取り組み方」

　1人では数個しか見つけ出せなかった漢字も、1人1人の力を合わせたら、20個以上も集められました。自分ではダメだなと思った意見も、他の人からすると価値ある意見だという可能性もあります。この教室を互いの意見を出し合い、新たな考えを導き出せる場としましょう。

　授業を通して体験するからこそ、語りの内容が実感できる。1年間の授業の取り組み方を規定するためにもお薦めの実践である。（伊藤圭一）

長谷川のコメント

　定番の授業ネタである。肝は、3つずつ加えさせることである。これを1つずつ書かせるのは我流だ。授業を台無しにしてしまう。1つずつでは当たり前の展開で、熱中状態にならないのだ。

　3つ加えられる生徒がいなくなったら、初めて2つでよいと告げる。2つなら書ける生徒が勢いよく書きに来る。

　ここで2つ加えれば拍手が湧く。

　もう2つずつは無理となって、ようやく「では1つでよし」とするのだ。

7 プリンをねらえ
~中学生用にカスタマイズ~

1．アイスブレイクに最適なゲーム「プリンをねらえ」

「黄金の三日間」は緊張の連続である。そのような中で"楽しいゲーム"を準備しておくことも大切である。なぜなら生徒達に教室は楽しい場所だということをインプットすることができるからだ。簡単な流れを載せる。

「"プリンをねらえ"というゲームをします。机を向かい合わせにして2人組を作りなさい」と指示する。

指示　消しゴムを1つ出して、2人の机の中央に置きなさい。
説明　私が"おにぎり"と言ったら、皆さんは右手を挙げて「オー」と言います。（先生は左手をグーにして肘を伸ばして挙げる）

「練習！　おにぎり！（オー）おにぎり！（オー）おにぎり！（オー）」と言って、生徒と一緒に教師も左手（生徒から見ると右側の手）の上げ下げを一緒にやる。やっている生徒を褒めて巻き込んでゆく。

説明　"焼きそば"と言ったら、皆さんは左手を挙げて「ヤー」と言います。（右手をグーにして肘を伸ばして挙げる）

先程と同じように「練習！　焼きそば！（ヤー）焼きそば！（ヤー）焼きそば！（ヤー）」と教師も右手（生徒から見ると左側の手）の上げ下げを一緒にやる。教師も楽しくやるのがポイントである。指示通りやっていなかったら、やり直しをさせても良いが、短く明るく指導するのが重要である。ゲームになったときに自然と盛り上がる場合が多い。

説明　そして、"プリン"と言ったら、消しゴムを取ります。早く取った方の勝ち。

「では、本番です。おにぎり（オー）焼きそば（ヤー）焼きそば（ヤー）おにぎり（オー）プリン！」教室中に悲鳴にも似たような歓声が上がる。「取った人？」と生徒に手を挙げさせると、中学生でも「はーい」と笑顔で手を挙げる姿が微笑ましい。「では、2回戦！」とリズムよく進める。

2～3回戦ぐらい行い、次の説明をする。

説明　もう1つ加えます。カレーと言ったら両手を挙げて「カー」と言います。（両手をグーにして肘を伸ばして挙げる）

これも3回ほど練習する。テンポ良く少しスピードを早めてやると生徒も

のってくる。そして「おにぎり」「焼きそば」「カレー」を混ぜながら、最後は「プリン」で終わるようにしてゲームを行う。教室の雰囲気がとても明るくなるゲームである。ある女子生徒は、日記に「他の人の手をバシバシとやってしまいましたが、楽しかったです」と書いてきた。中学生でも男女関係なく手が触れ合う場面が生じるのもこのゲームの大きな魅力だ。

2．中学生用にカスタマイズする

多数の授業案が載っているTOSSランド（http://www.tos-land.net/）内で「プリンをねらえ」のほとんどは小学生向けの実践として紹介されている。だから「そんな幼稚なことやってられない」と斜に構える中学生もいるはずだ。無理強いすると生徒がやらない状態に陥る。指示に従わないという状況を教師が作ってしまうことにつながる。そこで大切なのは、なるべく自然と取り組める状況を作ることである。例えば、

> 他の教材と組み合わせて実践する。

「黄金の三日間」に「五色百人一首」「名句百選かるた」「ふれあい囲碁」を行っている。学級ではいずれも2人組（1対1）のリーグ戦方式（勝ったら上位の席に移動し、負けたら下位の席に下がる）を取り入れている。そこに「プリンをねらえ」も入れて実施する。すると上位をねらうためには「プリンをねらえ」にも自然と取り組める。また、かるたを覚えるのが苦手な子は、反射神経を活かして「プリンをねらえ」で挽回していた。かるたやふれあい囲碁ではなかなか勝てないが「プリンをねらえ」だけは勝てるようになる。ぜひ中学生にも実践していただきたい。（伊藤圭一）

長谷川のコメント

アイスブレイクのための活動と指導法を10や20は身につけておきたい。学級レクのみならず校外学習や修学旅行でも役に立つからだ。

8 じゃんけんゲーム
～次々と変化させて巻き込む～

　じゃんけんは準備がいらず、その身一つで楽しむことのできるゲームだ。その手軽さ故に様々な可能性を秘めている。
　時と場合に応じて使い分けながら子どもとの時間を楽しんでもらいたい。

1. 後出しじゃんけん

　教師が先にグー・チョキ・パーのいずれかを出す。その後、教師の指示に応じた手を生徒が「後出し」で出す、というルール。
　生徒が出すのは以下の3パターンだ。

> ①教師と同じもの（教師がグーなら、生徒もグー）
> ②教師に勝つもの（教師がグーなら、生徒はパー）
> ③教師に負けるもの（教師がグーなら、生徒はチョキ）

　実際に行う際、まずは次のように全体的なルールを示す。

> 「後出しじゃんけんをします。先生が『ジャンケンポン』と言ってグー、チョキ、パーのどれかを出します。皆さんはその後に『ポン』と言って、3つのうちから先生が指示したものを出します」

　理解しきれない生徒もいるため、この指示の後に練習として数回行ってルールを確認。そして本番。

> 「では連続して行います」「ジャンケンポン」（グー）「ポン」（グー）、「ポン」（チョキ）「ポン」（チョキ）、「ポン」（パー）「ポン」（パー）

　同じものを出すだけなので難易度は低い。よって次のステップに進む。

> 「次は先生に勝つものを出します」

　通常のじゃんけんのためこれも混乱しない。だから次の指示に熱中する。

> 「最後は先生に負けるものを出します」

　実際にやってみると、ルールは頭では分かっていたとしても、反射的に教師に勝つ手を出してしまう生徒が少なくない。そのため最初は先ほどの2種類よりはスピードを落として行い、徐々に速くすると良い。
　それぞれを長くやるとだれてくるため、30秒～1分くらいが目安となる。バリエーションとしては教師役（どの手を出すか指示する、先に出す）をやりたい生徒を募り、その生徒にゲームを主導させる方法もある。

このゲームを行うと、生徒は教師の指示をさらに意識的に聞こうとし、身振り手振りにもより注目するようになる効果もある。

2．1分間じゃんけん

1分間でできるだけ多くの人とじゃんけんをし、勝利した合計数を競う遊び。ルールが分かりやすいため取り組みやすい。

> 「1分間じゃんけんをします。1分間でできるだけたくさんの人とじゃんけんをします。勝った合計回数の多い人の勝ちです」

指示の後、教室内を自由に立ち歩いて行わせる。

他の生徒と行おうとしない生徒には、教師が近寄ってじゃんけんをする。その後、その近くにいる生徒とじゃんけんをするように働きかける。

バリエーションとしては、「負けた数の多い人の勝ち」「連続で勝利した数の多い人の勝ち」などが考えられる。状況によって使い分けていく。

3．どんじゃんけん

校庭や体育館のような広い場所に適している、チーム対抗型のゲーム。

初めに10m程度の直線を用意する。校庭ならばラインカーを用いて白線を描く。体育館ならば球技のコートの線を用いる。

次にチームを2つつくる。そしてその2チームが、用意した線の両端に一列で並ぶ。

合図の後、先頭が線の上を中心に向かって走る。そして合流したところで「どーん」と言いお互いにタッチして、じゃんけんを行う。

じゃんけんに負けた人は道を譲らねばならず、自陣の最後尾に並び直す。その後、負けたチームの次の人がすぐ走り出す。勝った人はそのまま進む。

これを繰り返し、先に相手の陣地までたどり着いたら勝利となる。

工夫としては、直線を曲線にするだけでも生徒の熱中度合いが変化する。また、平均台の上などで行うことも変化があり好まれる。（ただし、平均台の場合には下にマットを敷くなど、安全面への配慮をする）（広瀬 翔）

長谷川のコメント

「どんじゃんけん」は鉄板ネタである。汗をかかせた後で集合させ、学級で一つのことに取り組む価値を語るなど、組み合わせが重要だ。

9 暗唱詩文集
〜達成感を持たせ、自信と意欲を育む教材〜

1．「暗唱できた！」という達成感を持たせることができる

　4月当初の不安と緊張を和らげ、自信を持って学校生活を送れるようにしてくれる教材が、「中高生のための暗唱詩文集」（東京教育技術研究所刊）である。これは、中高生にぜひとも覚えてほしい51の詩文が掲載されている。

「暗唱詩文集」の良さは、次の2つだ。

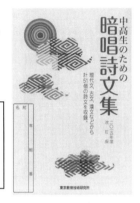

> （1）誰でも暗唱ができ、達成感を得ることができる
> （2）学習の進め方を学ぶことができる

　自信を持った生徒は、以後、様々なことに積極的に取り組めるようになる。4月、達成感を持たせてスタートしよう。

2．学習の進め方を身に付けさせることができる

「暗唱詩文集」には、「明確な使い方」がある。それに従って授業を進めることで、詩文を暗唱させることができると同時に、「学習の進め方」も身に付けさせることができる。主な授業の流れは以下である。

（1）学習日を書かせる。「学習日を書きます。」
（2）教師の後について読ませる。「ついて読みます。月の異名。」
（3）読んだ回数①を塗らせる。「読んだ回数①を赤で塗りなさい。」
（4）一行交替で読ませる。「一行交替読み。先生が先、みんなが後。」
（5）順番を入れ替えて読ませる。「今度はみんなが先、先生が後。」
（6）男女交替で読ませる。「男女交替読み。男子が先、女子が後。」
（7）男女の順番を入れ替える。「次は女子が先、男子が後。」
（8）教室を左右2つに分けて一行交替読みをさせる。
　　「（教室の右半分を両手で示しながら）こちら側から。」
　　「（先ほどと反対側を示しながら）次はこちら側から。」
（9）個人で練習をさせる。「個人練習です。2回読んだら座ります。」

(10) 全員で一斉音読させる。「全員で読みます。さんはい。」

「暗唱詩文集」は、やるべきことが明確なので、学習の流れを体験すれば、教師不在でも練習できる。だから、休み時間等に自主的に暗唱する生徒が出てくる。そのような生徒を褒めることで、望ましい行動をクラス全体に波及させ、暗唱に意欲的に取り組む雰囲気を作ることができる。

3．チャレンジ精神を育むことができる

スラスラ読めるようになったら、「暗唱テスト」に挑戦させる。各頁には、教材文の脇４カ所に▶◀の印が付いている。この印まで隠して読むことで、暗唱できたかどうか、自分で確認できる。最初は①の印まで隠させ、スラスラ読めたら合格である。合格するにつれ、隠す範囲を増やす。④まで隠して読めたら、教師の前で「テスト」を受ける。教師は、教室前方で生徒を待つ。スラスラ言えれば合格、少しでも間が開いたり、つかえたりしたら不合格である。

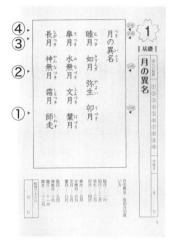

４月、最初に暗唱テストを行う際には、周りの様子をうかがって、テストをなかなか受けに来ないことが考えられる。そのような場合は、（１）とにかくテストを受けに来た生徒を褒めること、（２）テストはあくまで厳しく行い、合格の基準を緩めないことがポイントである。たとえ不合格になっても、まずはチャレンジしたことを認めていく。テストを受けに来る生徒が少ないと、甘く評価をしたくなるが、ぐっと我慢し、厳しく評定する。それにより、心地よい緊張感が生まれ、不合格になっても何度も挑戦するようになる。緊張の中でテストに挑戦し、合格するから生徒は熱中してくるのである。
（上野一幸）

長谷川のコメント

私が長を務める中高向山型国語授業研究会で制作した教材だ。いま全国に広がっている。やんちゃも熱中し成功体験を積む。ドラマを生む教材だ。

1 最高のスタートを切る　学級開きのポイント場面
～黒板メッセージ～

1．黒板メッセージに書く項目3

　新学期、あらかじめ黒板にメッセージを書いておく教師は多い。内容は大きく次の3つに分けられる。

（1）進級・進学の祝福のメッセージ
（2）どのような1年間にしたいのか、担任の想い
（3）出会いの場面で生徒に求めること

　（1）は、「進級おめでとう！」などの言葉である。（2）は「今年1年を楽しくしましょう」「いいクラスを作りましょう」などの言葉である。
　多くの場合、（1）と（2）は書かれているが、（3）を書いている教師は少ないのではないだろうか。しかし、この（3）を書いておくことで、生徒との出会いの場面が大きく変わる。

2．褒める場面を作り出す指示

　例えば、ある年、自分が1年生を担任するときに書いた黒板が右の写真である。
　周りの桜の花びらは、準備登校で来た上級生が作成してくれたものだ。
　次のように書かれている。

　入学おめでとうございます。
　〇〇中での3年間のスタートです。
　楽しく、充実したものとなるよう、がんばりましょう。
　先生は9時25分ごろに教室に来ます。
　中学生らしい心と態度で、待っていてください。
　1年〇組担任　星野優子

このメッセージのポイントとなるのは最後の一文だ。これは、北海道の染谷幸二氏の実践を追試したものである。
「時間通りに、座って静かに待っていてくださいね」という意味だが、そのまま書いては身もふたもない。「中学生らしい」という言葉で生徒に判断をゆだねることで、教室に入った際に座っていた生徒を「自分で判断して座っていることができ、素晴らしいですね！」と褒めることができるのである。
　黒板メッセージは、黄金の三日間の中でも１日目、最初の出会いの場面で生徒に見せるものだ。新学期、生徒も「今年はがんばろう」と思っている。教師の指示も入りやすい。だからこそ、最初の場面で生徒を褒める場を意図的に作り出したい。そのために黒板メッセージは有効である。

3．意図通りにいかない場合でも

　もちろんこのように書いておいたからといって、全員が座っているとは限らない。数名だけが座っている場合もあるだろうし、学校事情によっては誰も座っていないということもあるだろう。
　その場合には、動じずに座っている生徒を褒めればよい。その場で褒めたり、帰りの会で褒めたり、学級通信で褒めたりなどして、「学校生活のルールを守っていることが素晴らしいことだ」ということを繰り返し、生徒に伝えていくのである。
　誰も座らないのであれば、「時間なので席につきましょう」と教師が指示を出せばよい。叱らずに、これから身につけさせていくのだと考えればよい。
　黒板メッセージは、形式的に、ただ書くのではなく、「褒める場面を教師が作り出す」という意識で書くことが大切である。祝福のみを伝えるメッセージから、教師の側から「仕掛ける」黒板メッセージに変化させることで、初日を生徒を褒める場面からスタートさせよう。（星野優子）

長谷川のコメント

「中学生らしく」は諸刃の剣である。発話の意図を読み取れない生徒からすると、何をどう直したら良いのか分からない。私の場合、「中学生らしく」は書かない。時刻を指定し、「着席して待ちなさい」で終える。

2 出会いの場面
～褒めるための布石を打つ～

1．出会いの場面

出会いで大切なことは何か。私はこれだと考える。

> 褒めて褒めて褒めまくること

　出会いの日、多くの生徒は新年度への期待を胸に教室にいる。教師の指示にも素直に従い、とてもかわいいだろう。この時期から、できていること、がんばろうとしていることを褒めて教化することが大事である。

2．具体的場面

　ではどの場面でどのように褒めるか。

（1）登校時
　①「おはようございます」と自分から挨拶ができたことを褒める。
　②遅れずに登校できたことを褒める。
　③笑顔で登校できたことを褒める。
　④下駄箱を間違えずに使えたことを褒める。
　⑤服装がきちんとしていることを褒める。
　⑥大きな声で挨拶を返せたことを褒める。
　⑦靴が真っ白できれいなことを褒める。
　⑧制服が似合うことを褒める。

（2）教室内
　①座って担任を待てたことを褒める。
　②人の話を黙って聞けたことを褒める。
　③素早く起立ができたことを褒める。
　④大きな声で返事をできたことを褒める。
　⑤指示通り行動できたことを褒める。
　⑥手を挙げて質問できたことを褒める。
　⑦素早く整列できたことを褒める。

（3）入学式

①黙って座っていたことを褒める。
②礼が上手にできたことを褒める。
③校長先生の話をしっかり聴けたことを褒める。
④しっかりと歩けていたことを褒める。
⑤教えた通りにできていたことを褒める。

（4）下校時

①「さようなら」と元気に言えたことを褒める。
②間違えずに昇降口まで行けたことを褒める。
③教室からスムーズに出たことを褒める。
④会う先生全員に挨拶して帰ったことを褒める。

このように褒める場面を想定しておくと、上手に褒めることができる。

3．褒める場面を作る

偶発的なことだけでは褒めることがない生徒もいる。そんな生徒に有効な手段がある。

> 手伝いを頼むこと

私は出会いの日の計画を立てる時に、どんな手伝いを頼むかということを必ず書くようにしている。

例えば、プリント配布を手伝ってもらうということだ。出会いの日は、大量の配布物があることが多い。そこで、「配ってくれる人はいませんか」と言って、お手伝いを頼む。お手伝いが終わったら、必ず「ありがとう」とお礼を言う。

出会いの日の出来事は生徒にとっては印象的なようだ。「褒められて良かった」と、全員が思えるような状況を作り出したい。（森田健雄）

長谷川のコメント

お手伝いを頼む、あるいは一緒に仕事をする。そのことで「ありがとう」と言える。「ありがとう」もまた褒め言葉なのだ。

3 提出物の回収の仕方
～エラーを生まないためのひと工夫～

1. 様々な集め方を覚えさせる

　1年間を通して、提出物を回収する機会が多々ある。適当に集めてしまうと、集めた後に出席番号順に並べ替えたり、出ていない生徒のチェックをしたりと多大な時間を使うことになる。効率の良い集め方を教師が示すとともに、生徒にも覚えさせることで、教師も時間が生まれるし、教科係などもそれを真似でき、仕事が速くなる。

　黄金の三日間の中で以下のような様々な集め方を覚えさせたい。

2. 重要書類の回収＆チェックの仕方（一度に何種類も集める場合）

　最初の学活で集めるものには要保管の重要な書類も多いため、しっかりとチェックをしながら集める必要がある。そのために大切なのは、教師に持って来させる前の準備や指示だ。以下のポイントを押さえて指示をする。

①その日集める提出物の確認。（黒板に全て書くか、実物を貼る）
②自分の机の上に全て用意させる。
③集める順番を確認し、手元でその順番に並べ替えさせる。
④出席番号順に並ばせ、回収＆チェックする。

　出席番号1番の生徒の書類を教卓の上に並べ、2番以降はその上にきれいに重ねるように出させる。忘れたものがある生徒は「すみません○○を忘れてしまいました。明日持ってきます。」と言わせ、教師は名簿にチェックしておく。これなら大量の提出物も数分で回収とチェックができる。

　ここでのポイントは教師の目の前で集めるということだ。家庭環境調査票など、重要な個人情報が載っているものもこの時期には多い、それらも教師の目の前でなら、裏返しに置かせたり、教師が手渡しで受け取ったりなどの配慮をすることができる。

　学級でお金を集める場面は最近ではあまりないかもしれないが、その際も手順は上記とほとんど変わらない。ただし、金額通りしっかりと入っているか、各自の席で一度確認し、教師の前でも生徒の手の平に出させ、確認する

ことが重要である。これによってその後の余計なトラブルを防げる。

3．一種類だけを集める場合

　回収のたびにいつも番号順に並ばせていては効率が悪い時もある。場合に応じて、いくつかの方法を使い分けたい。一つの種類を集める場合には以下のような方法がある。

①教卓を出席番号1～9、10～19、20～29、30～40のエリアに分けてそれぞれの場所に提出させる（右のような図を黒板に書く）。これだけでも後で教師が並び替える負担が非常に少なくなる。もう少しその場で時間が取れるなら、そのエリアの中で、番号順になるように自分のを出させれば後で並び替える必要もない。

```
 1    10   20   30
 〜   〜   〜   〜
 9    19   29   40
```

＊例えば、1～9の山に3番、1番、9番、7番の順に持ってきたら、最初の3番の子はそのまま置く、1番の子はその上に、9番は山の一番下に、7番は3と9の間に、という風に自分の場所を考えて置いていく。

②出席番号1番の子に1～5番のプリントを、6番の子に6～10番のプリントを、という風に5番刻みで担当を決めて、担当の子にプリントを集めさせる（またはその子の元に各自出しに行かせる）。担当の子はその5人分を番号順に並べ、教師に渡す（その時に出ていない人を報告させてチェックすることもできる）。

　他にも日常の提出物は朝のうちに①の応用で番号順になるように出させておくことなどもできる。無駄な時間を減らし、他の活動を充実させていきたい。（横田　智）

長谷川のコメント

　並び替え（ソート）の仕事を一当番に組み込んでおくことも手である。集金の際は封筒から全額を出させ確認するのが鉄則である。

最初に生徒を褒める場面
～やんちゃ君とのつきあい方～

1．教室に入る前に褒める

　始業式、入学式の当日、最初に生徒と出会う場面は登校してきた時である。長谷川博之氏は、朝、昇降口で生徒一人一人の名前を呼びながら声をかけるという。新年度、多くの生徒は緊張をしている。不安も抱えているはずだ。だからこそ昇降口で教師が笑顔で迎えることにより、緊張や不安を少しでも和らげたい。

　勤務校では新しい学級名簿が張り出される時間に生徒は集まってくる。私にとってはそこが最初に生徒と出会う場面である。生徒が何もしていなくても声をかけて褒める。褒めることで生徒は気持ちよく学校生活をスタートさせられる。また生徒との関係も作ることができる。1年生には「制服が似合うなぁ。もう立派な中学生だなぁ」。2、3年生の場合、頭髪、制服の着こなしなどを取り上げて褒める。「さすが先輩！」「さすが最上級生！」という言葉をつけることで自覚をもたせることもできる。

2．名前を呼んで褒める

　1年生や飛び込みで入る学年の生徒も初日から名前を呼んで褒める。生徒に「なぜ名前を知ってるの？」と思わせ、「今年の先生は今までの先生とちょっと違う」と思わせることで、教師が主導権を握ることができるからだ。

　ある年、異動をして中学3年の担任となった。その学級には特にやんちゃな男子Gが1人いた。1、2年と学級担任との折り合いが悪く、学校と保護者との間もこじれてしまった。そこで、新しい先生をというわけで私が担任となった。

　私が決めたことは「初日で何が何でもGの名前を呼んで褒める」ということだ。起立の号令がかかると、Gがスッと立ったのが目にとまった。そこですかさず「G君、立つのが素早い。とてもいい！」と褒めた。するとGは「え〜何で俺の名前知ってんの？」と言って驚いた顔を見せた。それ以降、Gとは様々な事件は起きたがそれでも比較的良好な関係を築くことができた。名前を呼んで褒めることが生徒との関係を作っていくのを実感した出来事だった。

3．生徒にあわせて褒める場面を意図的に作る

　中学3年生男子のTは、何でもやろうとはするのだが、今ひとつ自信がもてていない生徒だった。だから出会いの1日目で何としてでも褒めてあげたかった。彼が絶対に活躍するであろう場面を意図的に作った。

　まず日記用のノートを配り、今年度の意気込みや、1日目の感想を書かせた。教室中がシーンとなって書いている。全体を大いに褒めた。そして机間指導をしつつ、「あと、1分ぐらいしたら、発表してもらおうと思います。記念すべき、3年2組の第1号の発表者です。発表したら、通信に載るかもしれないなぁ」と言うとTの顔が上がり私の顔を見た。「では、発表できる人？」と問うとやはりTが挙手をし、起立して発表した。目立つことが好きなTなので、自ら立たなくても指名して答えさせようと考えていた。その日の学級通信である。

> 　Tは日記に書いた次の文を、はっきりと聞き取りやすいような声で発表してくれました。初日の、新しい学級の中で立てる勇気が素晴らしい。立って発表しただけで、ＡＡＡです。
> ■三年生になったという自覚が自分にはまだ感じられない。今年で中学校生活も終わりなんだなと思うと、この一年、昨年やってしまった過ちを直さなければならない。また最高学年として、後輩に、良い印象を与えてあげたいと感じた。部活も残り少ないので、頑張っていこうと思う。楽しく学校生活を送りたいと思った。（Ｔ）■
> 　発表後、クラス中に拍手が湧き起こりました。

　その月に行われた保護者会でTの母親から「通信を読んで泣いてしまいました。まさかTが……」という言葉をもらった。母親にとっても衝撃的だったようだ。褒められたTは中学校最後の1年、リーダーとして学級のために動いていった。（伊藤圭一）

長谷川のコメント

　最初から周囲と同じ作業ができる生徒ならこれでよい。指示に従わない生徒が複数いる学級では、「余計な作業はさせない」のがベターである。最低限必要な作業を、一人も落ちこぼさずやらせることに全力を注ぐ。

5 生徒の自己紹介
～指示したことは、やらせきる～

1．自己紹介は生徒が行う最初の活動

　自己紹介には二つの意味がある。一つは紹介する生徒自身が新しいクラスメイトや担任に自分を知ってもらうこと。もう一つは、担任にとって、生徒を動かす最初の場面ということだ。次の２点を意識している。

> ①時間は 30 秒。
> ②練習を宿題にすること。

　40 人学級であれば 30 秒でも 20 分かかる。30 秒でも、組み立てを考えていくと、必要なことを伝えることができる。逆に、人前で話をするのが苦手な生徒にとっては、長い時間である。
　中には何を話して良いのか分からない内気な生徒もおり、配慮が必要だ。学級便り第１号に自己紹介の例を示しておくと、持ち帰ってもそれを見ながら練習できる。私は最低限、次のことがあれば良いと考えている。

> 氏名、自分の性格、どんなクラスになってほしいか。そのために自分は何ができるのか。

　生徒の発表例も次のように記しておく。「私の名前は○○です。人前で話をするのが私は苦手です。授業に集中して取り組むようなクラスになってほしいです。そのために、私は授業中の私語に注意して過ごそうと思います」とする。もちろん、担任のねらいによって、趣味（マイブーム）や１年生の場合は入りたい部活などを入れても良い。
「宿題があります。明日の自己紹介の練習をしてくることです。時間は 30 秒。たった 30 秒ですが、紙に書いて練習してくるのです。練習してきた人とそうではない人では差が出ます。たった一つの宿題です。ぜひ、練習してきてください」と終える。

2．当日の進行

当日は緊張感をほぐすように、にこやかに自己紹介を始める。「自己紹介を行います。お互いの顔が見えるように、机を教室の中心に向けます」
「昨日、練習しておくようにと言いました。指名しません。発表できる人、それも、自信の無い人から、どうぞ」

最初はあっけにとられるが、積極的な生徒から始まる。担任は生徒の発表を聞きながら、発表内容を簡単なメモとして残す。

途中で続かなくなっても慌てずに待つ。「自信の無い人からと言いました。最後に残る人はさぞ、自信があるのでしょう」など、にこやかに声をかけていく。以前、立つタイミングを失って立てない子がいた。残る子が二、三人であれば、「残っているのは○○さん、○○さん……」と、誰が残っているのか、示すと見通しがついて良い。それでも立てなければ、「待っていました。○○さん、どうぞ」と始めるきっかけをつくれば良い。

全員が終えたら、練習してきた生徒を確認して褒める。

> たった、30秒だけど練習してきた人は余裕があったはずです。努力するということは小さなことの積み重ねであり、それが結果を生むのです。練習してきた人は立派でしたよ。

と教師の指示通りに行動した生徒を褒めて終える。

この発表方法は「指名なし発表」という。その後、学活や行事なども指名なし発表で行う。続けることで、最初のたどたどしい発表が徐々に上手になる。（間 英法）

長谷川のコメント

意味のある活動を設定し、教師の指示に従い行動して成功するという体験を意図的に積ませる。なお、発表は名簿順でも構わない。

6 所信表明
~生徒の目を見て断言する~

1．1年間を貫く指針

　始業式を終え、最初の学活。担任は、新しい学級をどのようにしていきたいか、という話をする。これを「所信表明」という。

　新学期になり、担任が話す最初の話であるから、生徒も当然何を話すのかよく聞いている。その場で何を話すかということはとても重要である。

　所信表明で伝えるのは次だ。

> 1年間どのような学級を目指すのかという教師の願い・方針

　このときの話が、1年間、すべての指針となる。行き当たりばったりではなく、何が必要なのか、生徒にどうなってほしいのかを考え、話を簡潔にまとめておくとよい。

2．所信表明のポイント

　次の文章は、中2を担任したときの所信表明である。

　2年〇組の担任になりました、星野優子です。中学2年生、昨年、何もかもが初めてだった1年間とは違い、自分達が主役になり、活躍の場がたくさんある学年です。何事にも全力で取り組み、充実した1年間になるように、ともにがんばりましょう。

　私が目指す学級は、「日常を大切にする学級」です。「日常」というと、例えば何がありますか？（給食、掃除、など生徒の声）そうですね。朝読書、給食、清掃、挨拶、コミュニケーション。日常生活を充実させ、土台がしっかりしている学級が私の目指す学級です。普段から協力できており、一人ひとりが安心して過ごせる学級ならば、いざというときにも当然協力して過ごせます。様々な行事でも、結果はきっとついてきます。

　1年後、3月に解散するときに、「2年〇組でよかったな」と全員が思えるように、今日この日から、一日一日を大切に過ごしていきましょう。

　この年は、「日常生活を大切に」ということを強調して話をした。翌日の学級通信にも、所信表明の内容を掲載し、翌日以降も、ことある毎に、「日

常生活が大事だよ」と話をした。また、普段の生活で協力している姿を褒め、生徒に繰り返し伝えるようにした。

このように日常生活の大切さを繰り返し伝え続けると、5月ごろには、生徒から「給食だから早く準備しよう」「帰りの会始めるから早く座ろう」などの声が出るようになった。また、日記にも「〇組は、日常生活で協力できているのがすごくいいと思う。普段からこのように過ごせていれば、体育祭でも優勝できる気がする」などの文章が見られるようになった。

所信表明のポイントは2つだ。

> （1）短く、簡潔に話すこと。生徒が覚えやすい。
> （2）所信表明を終えた後も、繰り返し生徒にインプットすること。

3．補足として話したこと

また、所信表明では、学級の指針となる考え方もあわせて話をしておきたい。その年、日常生活の大切さに続けて私が話した内容は3つだ。

（1）時間を大切にしよう。限りある時間を有効に使おう。
（2）先輩として、自覚を持って過ごそう。偉そうにせず、行動で示そう。
（3）昨年、もし嫌な想い出があったとしても、それは忘れよう。新たな学級で、新たな仲間と、新たな生活をスタートさせよう。

これも、翌日の学級通信に載せるとともに、日常的に生徒に伝え続けた。例えば、掃除を協力して行っている場面では「こういうところで協力できるのが素晴らしい！」という褒め言葉とともに、「これが先輩としてあるべき姿だね」と、3つの項目と結びつけて声をかけるようにした。担任の方針を所信表明で明確に伝え、生徒に繰り返しインプットしていくことが、学級経営の第一歩である。（星野優子）

長谷川のコメント

出会いの日の所信表明演説が、その教師の1年間の仕事を規定すると同時に、学級の成長をも規定する。その覚悟を持って練習し、臨むことだ。

7 保護者への挨拶の仕方
〜リップサービスでなく、決意を語る〜

　入学式の日の挨拶は、保護者にとって担任する教師の第一印象が決まるものである。しかし入学式当日は、配付物が大量にあり、その確認と説明に多くの時間が必要である。よって、保護者への挨拶は、短く簡潔にすることが重要である。

　保護者への挨拶のポイントは以下である。

①自己紹介をする。
②所信表明をする。
③保護者へのお願いを伝える。

　それぞれについて、詳しく述べる。

1．自己紹介をする

　担任がどのような人物であるか、保護者の方にとっては大きな関心事である。「明るさ」「誠実さ」が伝わるようにしたい。初めての担任、経験の少ない担任であっても、明るくはきはきと話していれば、保護者に安心感を与えられる。私は、以下のように挨拶を行った。

> 保護者の皆様、お子様のご入学、おめでとうございます。この度、ご縁あって１年〇組を担任させていただきます、柴山悠と申します。教師生活４年目、２度目の１年生担任です。身体も心も大きく成長する中学校生活のスタートに担任することの責任を感じております。どうぞ１年間、よろしくお願いいたします。

2．所信表明をする

　担任教師がどんな方針で学級経営をしていくのか、これは保護者が気になっていることの一つである。保護者向けの所信表明も用意しておきたい。保護者向けの所信表明は、「一所懸命さ」が伝わるものが良い。保護者は、「熱意のある担任」「やる気のある担任」であることを願っている。学級経営に一所懸命に取り組んでいくことを、出会いの場面で伝えるのだ。例えば、次のような所信表明である。

> 未熟ではございますが、若さと元気を生かし、明るく楽しい学級を実現するために力を尽くす所存です。子どもたち一人ひとりが、また学級全体が、様々なことに挑戦し、乗り越えていくべく、私自身も全力をあげて取り組んでいきます。

3．保護者へのお願いを伝える

　中学校生活は、教科担任制の授業や部活動、定期テストなど小学校生活との違いも多く、生徒と同様、保護者も心配や不安を感じている。相談事があるときには気軽に聞ける先生か、気になっている保護者もいる。そんなときに遠慮なく連絡をいただけるよう、一言お願いを伝えておきたい。

> 子どもたちにとっては、新しい生活が始まります。慣れるのに時間がかかることもあります。あせらず、じっくり、あきらめず、共に子どもたちを見守っていけたらと思います。心配なこと、わからないことがありましたら、遠慮なく、担任までご連絡ください。

4．挨拶の練習の方法

　挨拶が考えられたら、以下のように練習すると良い。

> ①ノートや紙に一言一句話す言葉を書き、何度も練習する。
> ②教壇の前に立って練習する。
> ③声の大きさ、明瞭さ、目線を意識して練習する。

　この中で、特に③が重要である。適切な声の大きさか、後ろの方まで声がはっきりと届いているか、教室を囲んでいる保護者の方にそれぞれ目線が配られているか、を意識して練習する。時に、同僚の先生に頼んで聞いてもらう、ICレコーダーやビデオで録音・録画して聞いてみるのも良いだろう。自分の癖に気付くきっかけになることもあり、本番を迎える前に直すことができる。これができれば、自信をもって当日を迎え、保護者に良い印象を与えられる挨拶となるはずだ。（柴山 悠）

長谷川のコメント

　私は保護者に、「共に汗をかく関係であってほしい」と伝える。言葉だけの協力は要らない。子どもの健やかな成長という願いを共有する者同士、具体的な行動で結びついていきたいのだ。

8 最初の学級通信に書くこと

〜願いをストレートに伝えたい〜

1.「第一号」の重要性

　学級通信は、年度初め、最初に家庭に届く手紙の一つである。生徒も保護者も、新しい学級担任はどのような教師なのか、興味を持っている。

　その期待の中で読む「第一号」に書く内容として、次のような内容が考えられる。

（1）入学・進級へのお祝いの言葉
（2）担任の自己紹介
（3）生徒の名簿や、一人ひとりへのメッセージ

　そして、上記の内容と共に、第一号に書いておくべき内容は次である。

> 担任として「学級をこうしたい」という1年間の指針

　書く内容は様々にあるが、学級通信を読んで、生徒・保護者が「担任の先生はこういうことを大切にしている先生なんだな」ということが分かることが大切である。

2. キーワードを入れる

　例えば、ある年、中学2年生を担任したときの学級通信第一号には、次のように書いた。

　2年生を迎えるにあたり、みんなに期待していることは次です。

> 自分達で考え、自ら行動していく「先輩としての姿」を、様々な場面で貫くこと。

　中学2年生。先輩として、一人ひとりが、後輩に憧れられる存在になってほしいと思っています。それは、例えば、勉強ができるということでもいい。体育祭で活躍するということでもいい。そして、日常の、ほんの小さな一場面で、後輩に優しく接してあげられるということでもいい。

　あなた達一人ひとりが持っている良さをいかし、今日入学した1年生達に

「あんな先輩になりたいな」と思われるような姿を、見せてあげてくださいね。

このときに自分が意識をしたのは「中学２年生として、尊敬される先輩になってほしい」という生徒達への願いである。キーワードである「先輩」という言葉を第一号にも入れ、最初の学活でも同様の内容を伝えた。
「進級おめでとう」「楽しい１年間にしましょう」などのありきたりの言葉ではなく、担任として生徒に何を求めるのか、どのような１年間を過ごしたいのかが分かるように、文章を考えるとよい。

3．生徒・保護者が読みたいと思う学級通信

学級通信は、出さなければいけないものではないが、やはり、発行されると生徒も保護者も喜ぶ。保護者にとってみれば、子どもの生活ぶりを知ることができる貴重な情報源である。定期的に発行し、有効活用したい。

生徒も保護者も読みたいと思う通信の特徴は次だ。

> 生徒の活躍の様子が具体的に、描写されて書かれているもの。

例えば新学期の学活の様子。「みんな姿勢良く話を聞いていました」という文章よりも、「教室に入ると、背筋をピッと伸ばして座っている〇〇くんの姿が見えました。また、私が話を始めると、まっすぐにこちらを見て、頷きながら話を聞く〇〇さんの姿。２年生になった気合い。やる気が伝わってくるようでした」などの文章の方が、その場の様子がイメージしやすく、読んでいる方も楽しい。

特に黄金の三日間は、生徒もやる気があり、様々な場面で意欲的・積極的に動いてくれることが多い。通信で生徒の活躍を褒めることにより、新しい学級の良い雰囲気作りにもつなげることができる。（星野優子）

長谷川のコメント

子ども達の成長を実現したいという思いをストレートに表現すればよい。プラス、褒めた場面を名前を入れて具体的に描写することだ。

9 係活動の決め方
～居場所づくりの一方策～

1．係活動の意義を理解して活動させる

　係活動は、それぞれの生徒が学級のために働く経験をする貴重な場である。しかし、私が初任のころはその意義も分からず、形式的に決めただけだったので、生徒の仕事ぶりもいい加減なものになってしまった。

　年間を通じて活動するのだから、なんとなく進めるのではなく、学級に所属感を持たせる活動としたい。ポイントは次だ。

| 生徒全員が、学級のために働いているという自覚を持たせること。 |

　そのために、次が必要である。

| 一人一役、仕事を持たせること。 |

　生徒全員に何かしらの仕事を持たせる。そして、その活動を褒めることによって、「自分が学級の役に立っている」という自覚を持たせたい。

　例えば、ある年の自身の学級（36名）では以下のような係を設定し、担当を割り振った。

| 教科係（各2名）：国語・社会・数学・理科・音楽・美術・技術家庭科・英語・英会話（市独自の授業）・総合・道徳
※体育係は体育委員が兼ねる
その他の係（各2～3名）：号令・集配・予定連絡・書記・植物・掲示 |

　基本的には、学級生活を進めていくうえで必要な仕事を係として設定した。なお、レク係・新聞係等、学級を楽しくする係については別途設け、生徒が自主的に立ち上げるようにした。

2．生徒への語り

　生徒にも、上記の係活動の趣旨を理解させて活動させたい。

　そのために、係活動を決める前には次のように生徒に話をしてから決めていくことにしている。

　これから係活動を決めます。委員会活動は人数が限られていましたが、係は、必ず何か一つに入ってもらいます。一人ひとりが○年○組のメンバーです。それぞれが仕事を持ち、学級のために働く場面を持ってほしいと思っています。様々な仕事がありますが、自分が就いた係の仕事に責任を持ち、半

年間、「学級のために」という意識で動いてくださいね。

このような話をしてから各係を決めていく。さらに、活動している様子を学級通信で紹介し、「学級のためにありがとう!」などと添えることで、「自分の仕事が学級のためになっている」という自覚を持たせたい。

3．効率的に決まる！ 係活動の決め方

係活動は以下の手順で決めている。
(1) 係の一覧を黒板に書き出す。このとき、昨年の学級でどんなものがあったか、生徒に確認し、加筆修正をして人数の割り振りを決定する。
(2) 生徒一人ひとりにネームプレートを配布し、希望の係名の下にネームプレートを貼らせる。(このネームプレートがあると席替え・体育祭の種目決めなど、様々な場面で活用できる。厚紙に名前を書き、裏に磁石を貼る程度の簡単なものでよい。)

(3) 全員が貼り終わったところで、「変更希望」がある生徒はネームプレートを動かしてよいことを伝え、希望がある生徒に移動させる。
(4) 定員を超えているところはじゃんけんをして決定させる。

ここでのポイントは、(3)で、「変更希望」を聞くことである。

第一希望の分布を見て、「やっぱりこっちにする」という調整を生徒達にさせるのである。そうすることで、文句もなく、短時間で効率的に決めることができる。(星野優子)

長谷川のコメント

上記で言う「係」は、当番活動のことだ。係活動とは生徒の自主的、自発的、創造的な活動であり、生徒が立ち上げ運営する活動を言う。

10 委員会活動の決め方
～委員会の目的を確認し、立候補で決定する～

1．委員会活動の意義と仕事内容を確認する

　これまでの勤務校は、クラス全員が何らかの委員会に入ることになっていたが、生徒は、仕事が少ない委員会に入りたがる傾向にあった。これは、全員ではなく限られた人数の生徒が委員会に入る学校も同様ではないだろうか。面倒なことは避けたいのが、一般的な中学生の姿であろう。従って、委員会を決める際に大切にしたいのは、

> 委員会活動は何のためにするのか確認する

ことである。委員会活動の目的は、学校生活を円滑に送れるようにすることである。活動が行われないと、学校生活に不具合が生じてしまう。誰かがやらなければならない仕事なのである。このことを確認する。その際、生徒会のしくみ等が書かれたプリント類が生徒の手元にあると良い。

　以下、クラス全員ではなく、限られた人数が委員会に入る場合の決め方を紹介する。まず、委員会活動の目的を語ることから始める。

「今から、各委員会の委員を決めます。委員会は、全部で〇つあり、それぞれが様々な活動を行っています。規律委員会は、主に週番活動を行い、規律正しい生活が送られているか点検します。放送委員会は……（他の委員会の活動も短く紹介する）。これらの活動は、何のために行われるのですか（2、3名に発表させる）。そうですね、学校生活がスムーズに送れるように、また、学校生活が心地よいものとなるように、活動を行っているのですよね。委員会活動は、学校全体に奉仕する大切な活動であり、誰かがやらなければならない活動なのです。ぜひとも積極的に参加し、より良い学校生活を作ることに協力してほしいと思います」

2．「立候補者によるじゃんけん」で、委員を決定する

　活動目的を確認した上で、各委員会の定員を明示して委員を決めていく。その際、選挙ではなく、立候補によって決めていく。立候補が複数あった場合は、じゃんけんをする。この方法の良いところは、

> 本当にやる気のある生徒が、委員会の仕事に就くことができる

という点である。生徒同士の選挙だと人気投票になってしまい、いわゆる優等生しか委員を担当できなくなる可能性があり、不公平である。従って、選挙は行わないことにしている。具体的な進め方は、以下である。

（1）各委員会名を板書する
（2）立候補するところに、名前を書かせる（ネームマグネットも可）
（3）複数の立候補があった場合はじゃんけんをさせる

委員会名を板書した後、次のように語る。

「委員会は、すべて立候補で決めます。やってみたい、やりたい、という気持ちがあれば十分です。やる気のある人みんなにやってほしいと思います。でも、残念ながら各委員会の委員の人数は決まっています。各クラス、男女1名ずつなのです。ですから、立候補が複数出た場合は、じゃんけんで決めることにします。公平な方法で、後腐れなく決めましょう。幸運は、自分の力で勝ち取ってくださいね。では、立候補を募ります。立候補する委員会のところに、名前を書きなさい。早い者勝ちではありませんから、あわてなくていいですよ」

立候補が一通り出尽くしたところで、人数を確認する。定員を満たしている委員会は、それで決定とする。人数オーバーの委員会と、人数不足の委員会があれば、不足している委員会へ移動しても良いことを告げ、人数調整をする。それでも人数オーバーの委員会は、じゃんけんをする。勝った生徒が担当者となる。クラスの状態によっては、立候補がなかなか出ない場合も考えられる。その場合、担任が粘り強く立候補を待ち続ける姿勢を持つことと、立候補がどうしても出なかった際にどのような方法で決めるかを担任自身が決めておくことが大切である。（上野一幸）

長谷川のコメント

点数稼ぎで役職に就いた生徒を、点数稼ぎの態度のままで終わらせないのが我々教師の仕事である。委員会は教師の手伝い係ではない。学校の文化の向上のために知恵を絞り汗をかく、アクティブかつ創造的活動なのだ。

11 学級目標の決め方①
～全員で決め、目標を意識させる～

1．学級目標決めで注意すること

「学級目標、覚えている人」と５月頃に学級に問いかけてみると、誰も覚えていなかったということがあった。その後も、誰も学級目標を意識することなく、何となく時が過ぎていき、何となく終わっていった。その当時、私自身もあまり学級の目標が重要だと思っていなかった。

しかし、学んでいくうちに目標がなぜ大事かということが分かった。

> 共通の目標があるということは、共通の行動ができること。

学級には様々な生徒がいる。全員が仲が良いわけがない。だが、共通の目標があれば、それに向かって、全員で共通行動をすることができるのだ。目標に向かって全員で進んでいけると、中学生は大きな力を発揮する。

学級目標を決めるに当たってポイントがある。

(1) 全員で目標を決める。
(2) 覚えやすい目標を作る。
(3) 目標を日常生活で何度も確認する。

それぞれについて詳しく書いていく。

2．目標決めから確認まで

(1) 全員で目標を決める

多くの学級が、出会いから３日間くらいの、学活が多くある時期に学級目標を決めることだろう。私は、毎年、いつ学級目標を決めるのかを考えておき、前日には生徒に次のように告知している。

> 「明日の〇時間目に、学級目標を決めます。日記（又はノート）に学級目標を書いてきなさい」

当日に目標を考えさせると、時間ばかりかかってしまって、話がまとまらないことが多い。事前に考えさせておけば時間短縮になる。

学級目標を決める時間になったら、それぞれが考えてきた目標を黒板に書かせ、全員に発表させる。

考えてくる時間があると、工夫して、おもしろい目標を考えてくる生徒もいるはずだ。

（2）覚えやすい目標を作る

　どんなに良い目標でも、覚えていなければ意味がない。覚えやすい目標を作るのも大事だ。短くて、量が少ないものが良いと私は考える。

　例えば、私の学級では、『力戦奮闘』という学級目標に決まったことがある。生徒はすぐに覚え、日常生活でも行事でも何度も扱うことができた。逆に、生活、学習、進路の3つについて、それぞれ目標を決定した時があった。それぞれ一文ずつではあったが、それが三つあると、なかなか覚えることができず、定着しなかった。

（3）目標を日常生活で何度も確認する

　せっかく目標を立てても、そこで安心していれば、生徒はすぐに目標を忘れてしまう。

教師が日常的に目標を確認する

ということが大事だ。

　例えば、目標を決めた次の日の朝、全員を立たせる。

　その後、「昨日決めた学級目標を言えた人は座りなさい」と言う。1日しか経っていないが、すでに目標を忘れてしまっている生徒もいるはずだ。言えた生徒を褒め、全員で目標を意識して行動していくことを確認する。そういうことを何度か繰り返すと定着していく。

　また、行事は学級目標を確認するチャンスでもある。「その行動は、このクラスの学級目標と合っていますか」と聞く機会を何度か持てば良い。

　せっかく決めた学級目標、生徒に常に意識させて1年間を終わらせたい。
（森田健雄）

長谷川のコメント

　目標を確認するのも良いが、本当に確認すべきなのは達成度である。多くの場合、学級目標を立てて終わりとなっている。それでは駄目だ。定期的に達成度をチェックし、告知し、向上の方策を考え実践させるのである。

12 学級目標の決め方②
~学級訓で学級の方向性を決める~

1．学級訓を提示する

　学級目標を教師から提示する場合がある。まず、学級訓として教師が行動の目標を示し、それに沿うイメージで生徒に学級目標を考えさせる。覚えやすく、目指しやすいスローガンがよい。学級訓を提示することで学級全体に共通の「合い言葉」が生まれ、全員がそれを意識し、その１点に向かっていくことができる。

---

①「夢、信頼、尊敬」
②「笑顔と愛のある言葉」
③「賞状の出ないところで１番になれ」

　過去に、これらの言葉を学級訓としたことがある。
　夢を語れるクラス、夢に向かって努力できるクラス。
　友達から信頼される人になろう、後輩から尊敬される人になろう。
　①には、このような思いが込められている。夢に向かって努力する、信頼され、尊敬されるとは、具体的にはどのような行動をとれば良いのか。「夢、信頼、尊敬」という合い言葉が、全体の行動を規定していく。
　②は、私の好きな実業家、斎藤一人氏の言葉である。この言葉が学級訓になる経緯は、私自身の過去の失敗にある。飛び込みで３年生を担任したある年である。文化祭等の行事が全て終わり、学級全体の雰囲気が受験勉強一色になった頃、受験へのプレッシャーや、勉強に対するストレスなどからか、クラス全体の言葉遣いが一気に乱暴になっていったことがあった。受験を控えて成績が上がらない不安は、他人を攻撃する言葉へと変わっていった。その都度指導をすると一見改善されたように見えたが、それは対症療法にしか過ぎず、結果として陰口が多くなっていった。
　学校生活は、楽しいことばかりではない。笑顔が出にくい時こそ笑顔で。不平不満を言いたくなる時こそ、愛のある言葉で人と接する。このことを「黄金の三日間」で伝えることの大切さを学んだ年であった。

2．学級訓を行事指導に生かす

　③は、尊敬する先輩の先生から教えていただいた言葉である。

　中学生にとって、体育祭や文化祭、合唱コンクールといった行事は、大いに盛り上がり、様々なドラマが生まれる場である。しかし、行事当日だけ一生懸命に取り組むが、その後の学校生活が乱れていったり、クラスの仲が良くならなかったりすることも少なくない。行事の後にこそ、そのクラスの本当の力が表れる。行事が終わっても、行事を通して高まった力を継続できず、その時だけ盛り上がれば良いという「打ち上げ花火」としての行事ならば、全く意味がない。

　では、「賞状の出ない所」とはどのような場面か。これを生徒に考えさせる。例えば、当番活動がある。掃除当番や給食の配膳で協力しない人が、行事の時だけ協力しようとするのは筋違いである。普段から級友に声を掛け、協力しようとする人こそ尊重されるべきである。

　日常の些細なことに力を尽くしても、それに賞状が出ることは無い。しかし、本当に価値ある行動とは、行事の時だけに力を発揮しようとするのではなく、授業を含めた、そのクラスの日常生活の質を高めようとする行動なのである。日常の些細な場面で協力できること、個人の利益ではなく、クラス全体の利益のために行動できる人がどれだけいるかが、本当の意味で学級の力なのだ。行事を行事で終わらせることなく、高まった学級の力を継続させる合い言葉が、「賞状の出ない所で１番になれ」なのである。

　どんなクラスでも、控え目で大人しい性格だが、身を粉にして学級のために行動する生徒がいるはずである。教師の視点から、「〇〇さん、あなたのその行動に賞状は出ないけど、クラス（学年、学校）で１番だよ。ありがとう」と声を掛けてあげることができる。

　学級訓を生かして、目立たない生徒にスポットライトを当てていく。これも教師にしかできない大切な仕事である。（岡　拓真）

長谷川のコメント

　学級目標は教師と生徒でつくる。学級訓は教師の願いをストレートに表すもので良い。どちらも、１年間の学級生活に大きく影響する。

13 教科書の配り方
～無償配布の意味を語ろう～

1. 意義を伝え、手際よく配る

　事前に教科書を置いてある部屋に行き、どれくらいの量があるのか、把握しておくと配布人数や作業の見通しが立つ。
　配布前の休み時間には配布される教科書名を板書しておく。

> いろいろな活動がありますが、こういう作業を協力して短時間で行えるクラスは良いクラスになるのです。手際よくやりましょう。

　事前に、学年内で話し合っておき、副担任に立ち会ってもらう。そうすると、間違いがなく、手際よく作業を進めることができる。
　運搬人数を男子生徒15名とする。「名簿番号の15番までの人は、教科書を○○（教科書が置いてある部屋）へ行って持ってきてください」

> ポイントが3つありますけど分かりますか。

　①番号順に並んで行くこと。
　②廊下を静かに歩くこと。
　③副担任の先生に挨拶すること。
　番号順に行くことで、副担任は一人当たりの運ぶ量の目安を立てることができる。挨拶することで気持ちよい作業が行える。作業後に、副担任が褒めていた事実を生徒に伝えられる。

2. 教科書を持って行かせる

　教科書は黒板に書いた順に置く。また、教科書が束ねられている場合、ひもを切るお手伝いをお願いする。「誰か手伝ってくれる人はいませんか」と2～3名の立候補を募っておくと作業がスムーズである。
　全ての教科書が運ばれ、持ち運びが可能になったら、一人ずつ、取りに行かせる。

> 教科書は黒板に書いた順番に持って行き、そのまま積み上げます。

「持って行ったら、全ての教科書があるか、確認します。確認したら、ページをめくり、つながっていたり、あるはずのページが無かったりということが無いか、確認しなさい」と最後の行動まで示してから、生徒を動かす。担任は学級全体を見渡し、様子を見守る。

全員が持って行き、中身を確認したようなら、最後にもう一度、全ての教科書があるかどうか、一つずつ、読み上げて確認する。このとき、机間巡視して、その順で作業を行っているか確認する。

「教科書を右に寄せます。順に読み上げるので、その教科書を左に移します。お隣の人の教科書もこの順になっているか確認してください」

乱丁、落丁を確認するが、記名後は交換できないので、最終確認は保護者が行う。記名は家に持ち帰ってからが良い。

3．教科書が無償配布される意義を伝える

> 教科書は毎年、無償で配布されますが、そのためにはお金がかかります。日本中の小・中学生にかかる経費はいくらだと思いますか

正解は約400億円（平成26年は413億円）、中学生一人当たり1年分で4,806円である。

「中学生一人当たり約5,000円という金額だけ見れば高いとか安いとか思うかもしれません。ですが、この金額以上の価値をつくることができるのか、できないのかはあなた達一人ひとりの学習態度にかかっているのです。ぜひ、これ以上の価値を生み出す使い方をしてください」（間 英法）

長谷川のコメント

大事なのは、見ず知らずの大人が汗水垂らして働いて納めた税金で、「勉強をさせてもらっているのだ」と教えることだ。一人の中学生が1年間学校で生活するのにかかる金額は約90万円。税金で賄われているのだ。

しつけの三原則
~エピソードで語ろう~

1.「しつけの三原則」とは

教育哲学者の森信三氏は次の三つを「しつけの三原則」と提唱した。

> 挨拶、返事、後始末（靴のかかとを揃える、席を立ったら椅子を入れる等）

日々の生活の中で以下のように語り大切さを伝えたい。

2. 具体的な語り① 挨拶

生活用品や日用雑貨を扱っている「無印良品」。1980年に誕生した後、多くの人に愛されてきましたが、2001年には38億円という大赤字を経験。

その逆境を乗り越えるべく、当時社長だった松井忠三さんはあることに力を入れ、会社の雰囲気をガラリと変えました。すると会社の売り上げはわずか1年でV字回復を見せたのです。

どんなことに力を入れたでしょうか。（生徒を指名し意見を発表させる）

それは「朝の挨拶」でした。朝8時から会社の玄関に立ち、出社してくる社員に社長自らが挨拶したのです。松井さんの言葉です。

> 挨拶はコミュニケーションの基本で、それができない組織は、何をやってもダメです。（遠藤功『現場論』〈東洋経済新報社〉）

誰にでもできる小さなことを大切にし、明るい、活気あふれるクラスにしていきましょう。

3. 具体的な語り② 返事

ある会社の朝礼。社長が話をし最後に「お願いしますね」と話しました。その際、若い社員は何も言わずにただ聞いているだけでした。

その社員に社長は「返事」の大切さを三つの理由で伝えました。どのような理由だと思いますか。（生徒を指名し意見を発表させる）

> 返事は理解したことを相手に伝える礼儀です。人同士のコミュニケーションを図るために必要なことなのです。返事がないと、相手は本当に分かってくれたのだろうかと不安になります。

> 返事が必要な理由の一つですが、例えば、伝えたつもりでも相手が理解していなかったことで、ミスや事故につながることもあります。その確認のためにも返事が必要なのです。
>
> 　そればかりではありません。返事ができない人はとても損をするのです。人の話を聞いていない、反感をもっている、不真面目などのレッテルを貼られてしまいます。わが社では、返事を元気よく、ハッキリすることを大事にしてもらいたいのです。

　そして最後に「皆さん分かりましたか？」と投げかけました。すると今度は若い社員も、元気よく「はい」と返事をしました。

　人と人との信頼関係を築いていくためにも、コミュニケーションを図るためにも、「はい」の二言を大切にしたいものですね。

4．具体的な語り③　後始末

　大阪市立松虫中学校の陸上部。顧問の先生が「おはよう」と挨拶しても返事をしない。陸上の大会に出ても負けてばかりでした。

　この時の監督は「あることを徹底することで、この陸上部が13回も日本一をとるまでになった」と言いました。

　何をしたと思いますか。（生徒を指名し意見を発表させる）

　実は靴のかかとを揃えるということでした。陸上用の靴を履いている時、登下校用の靴は脱いであります。その靴のかかとを揃えるのです。

　このような写真があります。（靴のかかとが揃っている写真を見せる）

　感想を。（生徒に感想をたずねる）

　脱いだ靴のかかとを揃えることは、とても大切なことなのです。

　また、皆さんが席を立つ時には椅子をしまう。これも教室で日々できる後始末の一つです。（広瀬　翔）

長谷川のコメント

　いかなる話ならば心に響くか。これこそ百人百様である。ゆえに上記のような簡潔な語りを数十数百と持つことだ。そのために教師は本を読み、人に会い、学び続けるのだ。

2 勉強することの意義
〜手をかえ品をかえ語るべきテーマ〜

1．中学1年生「学びたいと思うのは人間だけ」

　入学式後（直後でなくてもよい）の語りである。「どうして、学校に通うのか」「何のために学ぶのか」を伝える。学校とは学ぶ場であり、その存在理由を生徒の気持ちが新鮮なときに考えさせる。今後の1年間、あるいは3年間の学ぶ意欲づくりにつなげたい。

　事前に次のものを準備しておく。金閣寺（例）の写真（アップで大きく写してあるもの）と用紙1枚。生徒が明日の予定などを記入する生活ノートなどの末尾にメモのページがあればそこでも良い。

2．授業の流れ

　写真を提示する。複数枚ならば、なお良い。
「知っている人？」
「金閣寺（正式名称は鹿苑寺）」
「そう！　よく知っていますね。どこにあるのですか」
「京都！」
「そうです。日本国内はもちろん、外国からの観光客も含め、年間500万人を超える人が訪れます。今年も3年生の先輩達が訪れる予定です。では、どうして、これだけ多くの人が訪れるのでしょう。知っていることを書き出してご覧なさい。この写真から考えてもいいですよ」

　1分経過したら、隣同士で意見を交換させる。
「お隣の人が何を書いたのか、話し合って確認しましょう。その後、発表してもらいます」

　新しい仲間との交流と次の活動の予告を行う。隣同士は男女になることが多いので、一言会話させ、緊張を和らげるきっかけをつくる。
「一人ずつ、立って発表してもらいます。こちらの列から順に発表します。お隣の人から聞いたことでも良いです。全て言われて、発表できない場合は、言われましたというのですよ。では、どうぞ」

「金が貼られている」「古いので歴史的な価値がある」「池がキレイ」などを発表する。教師は、生徒が発表した内容のキーワードを黒板に書く。相づち

第7章 「黄金の三日間」で生徒に語ろう「この話」──追試可能な語り集

を打つなど、笑顔で生徒の発表を楽しむ。

一通り尽きたところでもう1枚（金閣寺の周りの庭の風景が写っている写真）を示して、さらに考えさせる。

庭にマッチした美しさが分かる。「建物の高さと横のバランス」「池に映る建物の美しさ」「周りの木々の中に浮かぶ金色の建物の美しさ」など記す。

> 「600年も前の人が美しいと思った建物を現代の私たちも美しいと思うのですね。美しさを感じる心は時代を問わず、共通のものがあるのですね。美しいものを見て、同じようにつくりたい、もっと美しいものをつくりたい、どうすれば良いのか、もっと知りたい、もっと学びたいと思うのは人間だけです」

「あるいは不思議な現象を見て、どうしてこうなのだろうと調べ、解き明かし、それまで分からなかったことを誰しも納得する理論で説明できるような研究を行うのも人間だけです」

「人間は動物の仲間ですが、他の動物と決定的に違うのは、明日をよりよくしようとする工夫を行うところです。言い換えれば、明日を今日よりも、よりよく生きようという生き方です」

「温故知新、という言葉があります（板書する）」

「2500年ほど昔に活躍した中国の哲学者、孔子の言葉です。昔のことを研究し、そこから新しい知識を身につけるという意味です。過去を学び、より良く生きるために学ぶのです。学ぶことを止めたら、人として成長することを自ら止めてしまうことなのです」

「こういった学びには仲間が必要です。だから、これだけの人数がこの場にいるのです。授業、部活、係活動、体育祭や修学旅行といった行事、その一つ一つが学びです。大きく成長していきましょう」（間 英法）

長谷川のコメント

学び続けることで人生を切り拓いていった先人達のエピソードを山ほど語ってやるとよい。名の知れた人物の成功譚は生徒の心を刺激する。

3 いじめの話
~「陰口」をさせない語り~

1．教師だけが差別を指摘し、差別の構造を破壊できる

　いじめは差別の構造から発生する。例えば、隣の人と机を離すこと。特定の生徒とだけ机を離すのであれば、差別的な意識が働いていると言える。また、ある子だけあだ名で呼ばれること。友達同士、全員があだ名で呼び合うのではなく、特定の生徒だけ、本人の思いに関係なくあだ名で呼ばれるのであれば、それも差別であり、いじめにつながるものである。

> 生徒の中にある差別の構造を破壊する

　以前担任したクラスにも差別の構造があった。腕力のある、やんちゃなA男がそのピラミッドの頂点にいた。他の男子は全員、A男のことを「君づけ」で呼んでいた。つまり、A男だけは、呼び捨てや、あだ名で呼ばれることが無い。それがあまりにも自然で、馴れ合いになっていたために、そのピラミッドの構造は教師にしか見えないものであった。時を同じくして、1人だけ「あだ名」で呼ばれている男子がいた。A男1人だけが「君づけ」で呼ばれ、B男1人だけが「あだ名」で呼ばれるのはおかしいと私は宣言し、伝えた。

　多くのクラスに存在するのですが、このクラスにも差別のピラミッドがあります。なぜ、みんなはA男君だけ君づけで呼び、呼び捨てやあだ名では呼ばないのでしょうか。なぜ、みんなはB男君だけ「○○○」とあだ名で呼ぶのでしょうか。B男君から許可を取ったことなのでしょうか。「○○君にはできるけど、△△君にはできない」というのが、教室の中にある差別です。私は差別とは徹底的に戦います。何故なら、差別はいじめにつながるからです。私は、いじめは人として許せません。だから、いじめにつながる差別を、このクラスから無くします。あだ名で呼ぶという行為について、みなさんも考えてください。

2．「陰口」と戦う

　何気ないことだが、いじめにつながっていく行為の一つに「陰口」がある。

陰口を無くすためには、陰口は、未熟な人間の卑怯な行為であるということを規定するところから始める。陰口の本質は、相手ができていることに対して、自分ができないこと妬んで言っている場合が多い。

陰口について、次のような語りをしたことがある。

例えば、こんな行動をどう思いますか？（１人の生徒を見ながら、もう１人の生徒とヒソヒソ話をする）感想を聞いてみましょう。（数名に感想を聞く）いい感じがしたと思う人？　いやな感じがしたと思う人？（挙手させて人数を確認する）

本人のいない所で、その人のことを悪く言うことを「陰口」と言います。今のは「ヒソヒソ話」でしたが、これを「見た」というだけでもあまりいい感じはしませんね。「陰口」は、本人のいない所で、その人ことを悪く言う行為です。でもその正体は、「嫉妬」「やきもち」です。例えば、何かをすると「良い子ぶって」と言ったり、勉強を頑張る人に対して「ガリ勉」と言ったりする人がいます。でもそれは、自分ができないから、できる人を妬んで言っているだけなのです。できる人の評判を落として、できない自分が上に上がろうとする卑怯な行為です。また、陰口を言う人は、常に自分の考えに同意を求め、仲間を増やそうとします。もし、陰口を言っている人に同意を求められたら、「そうなんだ……」と言ってその場から立ち去りましょう。一緒に言ってしまうと、あなたも卑怯な人間になってしまいます。「陰口」、いい感じがしたという人？　いやな感じがしたという人？（挙手で確認）

では、どうしても「陰口」を言いたくなってしまったらどうしますか？（近くの人と意見を交換させる）そういう時は、先生に相談しなさい。自分が卑怯な人間になる前に、先生に相談しましょう。

このように語ることで、陰口を言いたくなっても、それを教師に相談できるという信頼関係を築きたい。（岡 拓真）

長谷川のコメント

できないことができるようになるという成長の事実を、授業を主としてこれでもかというくらい体験させれば、くだらないことはしなくなる。

4 成長曲線
～ブレークスルーまで継続させよう～

1．成長曲線とは？

「成長曲線」とは、一般的には、「人間の身体的発達の程度を、横軸を年齢、縦軸を調べたいデータとするグラフで表した曲線」のことである。ここで言う「成長曲線」とは、一般的なそれとは異なる。学力の向上や、運動技能の上達といった、子どもたちの学習の成果に関わる「成長」をグラフ化した曲線と考えていただくと良い。

TOSS代表向山洋一氏は、「向山の仮説」として「努力はAのように1つ1つ積み重ねなければならない。しかし、成長はBのように加速的に訪れる」と子どもたちに話していた（図1参照）。Aが努力直線、Bが成長曲線である。右の図を板書して、次のように語る。

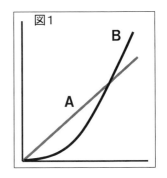

「皆さんには、何か達成したい目標はありますか？　その目標を達成するためには、努力を1つ1つ積み重ねるしかありません。Aのように、毎日、休むことなく積み重ねていくのです。しかし、努力を積み重ねても、その成果がすぐに現れるわけではありません。全然成長していないのではないか、と思う日が続きます。そんな時は、どうしてもあきらめてしまいがちになります。今までに、そういうことがあった人？　私もありました。

でも、目に見える成長はなくても、内では力が着実に蓄積されています。その成果は、ある時急に現れるのです。だから、実際はBのように成長しているのです。何事にも、結果を出すには100回の積み重ねが必要だと言われています。勉強も100日、約3カ月です。努力しても成長が目に見えない時が、一番つらいですが、それを乗り越えていきましょうね。」

2．脳科学の知見から「成長曲線」を語る

向山氏の「仮説」は、脳科学の研究成果とほぼ一致している。池谷裕二氏（東大大学院教授）は、著書『記憶力を強くする』（講談社ブルーバックス）の中で、「勉学の効果は幾何級数的なカーブを描いて上昇」し、「勉強を続け

ていると突然目の前に大海が広がるように急に視界が開かれて、物事がよく理解できるようになったと感じる瞬間」があると述べている。つまり、向山氏の仮説は、単なる「ケーススタディ」ではなく、脳科学の研究成果の裏付けがあると言っても過言ではない。このことを踏まえて、次のように語る。

「努力を積み重ねていれば、結果が目に見えなくても力は蓄積されているとか、努力の成果はある時突然現れると言われても、ちょっと信用できないなあ、という人はいますか？ すぐには信用できない人もいると思います。でも、このことは、脳科学によって証明されているのです。東大の大学院で教授を務める、池谷裕二先生は次のように言っています。『成績が最初は1だとしても、勉強を続ければ、2、4、8、16、32、64と累積の効果で上昇していく。さらに忍耐強く勉強を続けると128、256、512となり、ようやく結果が目に見えて現れてくるようになる。ここからもう一息の努力をすると、突然目の前に大海が広がるように急に視界が開かれて、物事がよく理解できるようになったと感じる瞬間が訪れる。そしてついに成績が1000を超えて、1024となる。』脳の働きを研究している専門家もこのように言っているのです。ですから、結果がすぐに出なくとも、あきらめることなく、根気強く努力し続けていきましょう。」

　成長曲線によると、成長が実感できるのは早くとも約3カ月後になる。4月から努力を始めたとして、7月ごろにようやく目に見えて結果が出るということだ。5、6月はどうしても結果が出せず、焦りを感じたり、悩みを抱えたりする時期となるだろう。そんな時にこそ、再度、成長曲線の話をしたい。結果が目に見えなくとも、確実に力は蓄積されていることを思い出させて、継続的に励まし続けていきたいものである。（上野一幸）

※参考文献：『教師修業十年』向山洋一著、明治図書出版、『記憶力を強くする』池谷裕二著、講談社ブルーバックス

長谷川のコメント

　成長カーブが急上昇する地点を「ブレークスルーポイント」という。この地点まで励まし続けるのもまた、教師の仕事である。

続けることの大切さ
〜語ったあとのフォローが大切〜

1.「続けること」が大切なのは知っている

　生徒も、「努力すること」「続けること」が大切だということは知っている。そんななかで「努力しなさい」と、そのままの言葉で伝えても、「分かってるよ」と反発する気持ちが生まれる生徒もいるかもしれない。

　だからこそ、様々な角度から「努力の実例」を語ることが大切だ。

　中学生になれば「努力したけれども結果が出なかった」という体験をしてきた生徒も少なからずいるはずだ。「どうせがんばったって無駄だよ」と思っている生徒に「もう少し続けてみようかな」と思わせるエピソードをいくつも準備しておきたい。

2. 100日続けたエピソード

　以前、3年生を担任したときのことです。夏休みを終え、ある女の子が泣きそうになりながら私のところに来ました。「先生、夏休み一所懸命勉強したのに、実力テストが全然よくなかったんです。数学、28点でした」

　どのように勉強したのか聞くと、先生方から言われたアドバイス通り、問題集を解き、間違えたところは勉強をし直して、真面目にコツコツと勉強してきたということでした。「夏休み、あんなに努力したのに、結果に出なかったから、もう私はダメです」と言いながら、涙をこぼし始めました。

　あなた達だったら、友達からこう言われたらなんと返しますか？

　私は次のように言いました。「夏休み、よくがんばったんだね。結果が出なくて悔しいよね。悔しいと思えるくらい勉強したんだから、ここであきらめたらもったいないよ」

　続けて次のように言いました。「勉強は、特に積み重ねが必要な国語数学英語といった教科は、結果が出るまでにだいたい100日かかるって言われてるんだよ。夏休みがおおよそ40日。あと60日だから、2カ月。このまま同じように続けていけば、11月になるころには必ず結果につながるから。100日を信じて、続けてごらん」

　ここで、私が「100」という数字を出したのは、思いつきではありません。将棋の世界でも「まず100局指して見ろ」、落語の世界でも「まず小咄（こ

ばなし）100覚えろ」と言われるように、100回、100日続けることは、ものごとを上達する一つの目安とされているのです。

　さて、11月。実力テストを終えて、その生徒はまた、私のところに報告に来ました。その生徒のテストの結果は上がったと思いますか？　上がらなかったと思いますか？

　その生徒は、次のように言いました。「先生、数学、78点とりました！　これまでで最高点です。あのときあきらめずに続けて本当によかったです。ここからまたがんばります」見事に学力を伸ばしていたのです。

　その後、受験に向けての追い込みとなりましたが、その生徒はあきらめずに努力をし続けました。再び、点数が伸びずに苦しんだ時期もありましたが、あきらめずに努力を続け、見事志望校に合格しました。

　みなさんも、これから様々な場面で、努力したけれどもうまくいかないことがあるかもしれません。そのときには「100」という数字を思い出してみてくださいね。

3．語りとあわせて行うこと

　このような語りをすると同時に、教師が生徒の努力を認め、励まし、支え続けてやることも大切だ。「がんばってるね」「前よりも上達したね」などの声をかけ、あきらめそうになったときの支えとなってあげたい。そして、生徒が成長し、達成感を得たときに「努力を続けたからだね！　よかったね」と、努力の大切さを感じさせるのである。

　さらに、「努力する」ということは具体的に何をすることなのか明確にすることも必要である。部活でも「毎日3km走る」「ドリブルの練習を30分する」「素振りを100回する」と具体的に設定させた方が継続しやすく、結果にもつながる。正しい努力の方向性を示し、それを支えて、生徒の成長につなげたい。（星野優子）

長谷川のコメント

　教師自身の成功談と失敗談を語ってやればよい。教師が続けてどう変わったか、今現在も変わっているか。生徒はそれを聴きたいのだ。

生徒手帳を使った指導の実際
〜手帳の意義と違反時の対応〜

1. 生徒手帳の必要性

勤務していた学校における生徒手帳の主な項目は以下のようだ。

| ①本校の教育目標 | ②校歌 | ③生徒会会則 | ④学校生活のきまり |
| ⑤緊急連絡先 | ⑥身分証明書 | | |

この項目から「生徒手帳は何のためにあるのか」という必要性を考えた際、大きく2つの役割があると考えた。

A：身分証明のため　　B：学校生活のきまりを確認するため

前者は「中学生」という身分を証明するための役割である。また、生徒が在籍している学校を証明できるものでもある。

また、後者に関し、生徒手帳には学校生活を送る上で必要な「きまり」が数多く記載されている。その基準に沿いながら生徒も教職員も学校生活を送る。いわば「ルールブック」としての役割がある。

この2つの役割の中でも、4月からの日常生活に関しては特に上記Bについての指導の仕方が大切となる。生徒も教職員も統一した基準に基づいて生活を送るためである。以下、具体的に記述する。

2. 違反時の対応－教職員の基準の統一

例えば上記に記した項目の④において、勤務していた学校の生徒手帳には次の記述がある。

> 口紅、マニキュア、ピアス、アクセサリーは禁止する。（薬用リップは可）
> 学校に関係しないもの（不必要なもの）は持ってこない。（携帯電話は不必要である）

このように明記されている場合、まずはこの基準を全職員が統一して持つことが大切である。

一枚岩となっての指導でないと「あの先生は駄目と言った」「この先生には注意されなかった」などの差が生まれる。生徒はこうした隙を狙う。

特に初任校や異動したての学校では、教職員の人柄や生徒との関わり方などの情報がないため「自分はどうしたら良いのか」と不安に駆られる。

しかし大切なことは正義を貫くことである。生徒のためにも、学校のルー

ルに沿った指導を行うことが肝要である。

ただ、基準について困る場合もある。その時は次のように考えると良い。

> そのまま高校入試に行けるか

「中学生らしい服装」のように曖昧な表現で記載されている時には、「この子はこのまま高校入試に行けるのだろうか」と考える。そしてその基準に照らし合わせて入試に似つかわしくないならば、指導を続けるのだ。

もし同僚の先生の指導に対して疑問を感じる場合は、その指導場面について実際に質問すると良い。「今のように指導をすれば良いのですか」、と。

生徒のために基準を擦り合せ、統一した指導を心がけたい。

3．違反時の対応－生徒への個別の声かけ

生徒にも事前に認知させるべく、きまりについて確認する。生徒手帳を読み合わせることも良いし、校則に関する部分をまとめたプリントを印刷して配布することも良いだろう。保護者にも伝えておく。

その上で、違反時にはどのように対応するのかも事前に伝える。例えば携帯電話に関して、次のように話をする。

> この学校では携帯電話は持ってこないことになっています。そのため、見つけた場合は預かります。そして保護者の方に取りに来てもらいます。

そして実際に違反し、携帯電話を持ってきている生徒がいた場合には、伝えてあったように対応することが大切となる。そうでなければルールが形骸化してしまい、意味を成さなくなる。

預かった後には保護者に連絡し、来校していただく。学校の方針を伝え、

> こうした違反がないよう引き続き指導しますのでご理解ください。

のように保護者の協力も仰ぐ。（広瀬　翔）

長谷川のコメント

若い頃、「中学生らしい服装や態度とは何か」と問われた私は、「高校入試当日の朝の姿」だと定義した。これは現在でも有効である。

2 教師の指示に従わない生徒への対応
〜なぜ従わないのか考える〜

1．指示に従わない生徒

　教師が指示をする。大半の生徒は黙って指示されたことを行う。しかし、中には指示に従わない生徒もいるかもしれない。

　私は、指示に従わない生徒に対してどんな対応をしてきたか。ここでは負けてはいけないと思い、その生徒を怒鳴りつけることが何度もあった。渋々指示に従う生徒もいるが、反抗してくる生徒もいた。さらに私は負けるものか、と怒鳴ってしまった。そんなことが続くと、私が怒鳴ることをおもしろがる生徒が出てくる。そんな悪循環が続いた年があった。

　この場合、生徒の行為だけを見ると、「指示に従っていない」状態である。次のことも考えられる。

> （1）教師との関係が悪く、指示されたこと全てに従わない。
> （2）指示に従わないことで自分の力を誇示しようとしている。

　一番駄目な対応は先ほどの私のように怒鳴って終わりにすることである。指示に従わない生徒の多くは、今までも怒鳴られることがあったはずだ。怒鳴られても従わなければ生徒は諦めて従うと思っている生徒もいるかもしれない。指示に従うどころか、おもしろがって増々従わなくなるだろう。

2．それぞれの生徒への対応

　（1）の場合は、その場で生徒との関係が良好になるわけではないので解決が難しい。まずは教師が冷静に対応することだ。

> Aにしますか、Bにしますか。

　このように選択肢を与え自分で決めさせることが有効だ。
　例えば、「掃除をしなさい」という指示に従わなかったとする。「では、今みんなと一緒に掃除をしますか、それとも放課後に先生と一緒に掃除をしますか」と聞く。「今掃除をします」という生徒がほとんどだろう。自分で決

定しているのだから、やらざるをえない。

　また、生徒の力を借りることも重要だ。黄金の三日間で、百人一首を行う。しかし、何もしない生徒がいる。その場合はペア対抗戦にすると良い。教師の指示に従うのは嫌だが、同じクラスの仲間のためなら動ける生徒は多い。もしそのペアが勝てたとしたら、「強いね」や「勝ったんだね」などとペアに向かって言うのが有効だ。

　教師が一人で全部やろうとするのではなく、時には生徒の力を借りるのだ。そうやって徐々に関係を良くしていく必要がある。生徒が指示に従わないと、教師にも怒りの感情がわいてくる。しかし、そういう感情を持って近づいても生徒は指示に従うようにはならない。教師から近づいていくことが大事だ。（2）の場合は、個別に対応すると良い。

> まずは全体、然る後に個に対応する。

　この原則が使える。何か指示をしたら、全体が指示に従っている状態を作り出すのだ。

　私が以前担任したＡ君は、黄金の１日目から指示をしても何もしなかった。声をかけたが、ニヤニヤするばかりでやろうとしなかったので、全体に指示をした。

「全員起立。明日の予定をノートに写せた人は座りなさい」この指示で全体が一斉に動き始めた。Ａ君は全体が立たされているので、ノロノロと立ち上がり予定を書き始めた。

　この時はＡ君への対応が上手くいったが、上手くいかないこともある。そういう闘いの場面を少なくするためにも黄金の三日間は、指示することを限定しておいた方が良い。そこまで準備をして最後は指示したことをやらせ切るのだ。（森田健雄）

長谷川のコメント

　選択肢を示すとは、私がセミナー等でよく話すことだ。自己決定権は尊重するが主導権は渡さない。これが生徒指導の肝である。

3 何度も前年度のことを持ち出す生徒への対応
～なぜ変えるのかを語り、納得させる～

1．一言一言に動じない

　初めて担任をもった年、何度も「去年は～」という言葉を聞いた。その度に「去年は良かったのに、今年は～」と責められているような気がして生徒に腹を立てたり、自分自身を責めたりしてしまった。

　この「去年は～でした」と言ってくる背景には様々な思いが考えられる。

　去年の学級がその子には快適で、変化が不安なのかもしれない。その一言に教師がどのように対応するかを試しているのかもしれない。もしかしたら親切心で教えてくれているのかもしれない。悪い方に考えればいくらでも悪く思えるし、良い方に考えれば感謝もできる。事実は次のことだけである。

> 生徒は去年のやり方や様子を教えてくれているだけである。

　こう考えれば動じる必要はなくなる。耳を傾け、取り入れられそうなら活用すれば良いし、自分の方針に合わなければ、そのことを伝えれば良い。

　何度も言ってくるというのは、不安傾向が強い子か、または過去に、教師が動じたり、自分の要求が通ったために、味をしめた結果だと考えられる。

　教師自身の考えをしっかりと示し、生徒の言葉で揺さぶられるものではないことを分からせる必要がある。

2．趣意説明をしっかりとする

　人は変化を嫌うものだから、特に理由がないのであれば、これまで通りが落ち着くというのは自然である。だからこそ次のことが重要である。

> 「なぜそうするのか」という趣意説明を小まめにする。

　例えば「去年は１週間ごとに掃除はローテーションしていました」と言われたら、「そうですか。そういうやり方もありますが、それだと仕事を覚えた頃にちょうど次の場所になってしまいますね。週によっては１日だけやって交代などもあり得ます。それよりは月ごとの交代の方が落ち着いて取り組

めると思いますがどうですか」など、なぜこのやり方が良いのかを語る。

できれば、指示を出す前にこのような趣意説明を短くでもする習慣をつけていけば、「去年は〜」という発言自体も減っていくだろう。

3．こちらから先に去年のことを聞く

飛び込みで２年生や３年生を担任した時などは、生徒も教師もこれまでとのギャップを強く感じ、悩む場面が増えるだろう。しっかり学んで、出会いの前に様々な準備を整えていたとしても、「係はこうします。ルールはこうします」とこちらが決めたものを伝えただけでは反発も起こる。

それを防ぐためにも、「係は去年までどんなものがありましたか？」「ルールはどんなものがありましたか？　今年はどのようなものが必要だと思いますか？」等、こちらからこれまでのやり方に配慮する場面を作ると良い。

自分なりの軸は持ちながら、生徒達からの意見も柔軟に取り入れることで、「自分達で決めたもの」と感じさせ、主体的に守っていく姿勢を作ることができる。

4．細かなポイント

①「学校に教科書を置いて帰っていいか」など、ルールについては学年や学校での統一が中学校では重要である。事前に確認しておくか「そのことについてはもう一度学年で確認しますね」と答えると良い。

②学級経営にも様々な方法論がある。自分なりの理由を生徒に伝えた上で、去年のやり方からも学ぶところがあれば、そちらを採用したり、折衷案を考えたりする余裕ももっておきたい。

教師が学んだ上で、生徒とともに学級を創る姿勢で臨もう。（横田　智）

長谷川のコメント

「去年の方が良かった」と言われたら、「そうか。それなら去年よりも良い１年間をつくればいい。つくるのはあなただよ」と笑顔で返せばよい。楽しいも楽しくないも、自分自身の責任だと教えるのだ。

私語が止まらない生徒への対応
~聞かせるために話を工夫しよう~

1．最初が肝心

　教師が話しているのに、生徒が話している状態は、学級が崩れる要因となる。生徒に「教師の話は聞かなくていい」「教師の指示を聞かなくていい」ということを許しているようなものである。

　たかがおしゃべりと思わずに「教師が話しているときには身体を教師の方に向け、黙って聞く」ということを、学級では徹底させたい。

　そのためには、初日、最初の出会いの場面が肝心である。最初の学活の所信表明を全員に聞かせるのである。話す前に、必ず次の指示を出す。

> 「今から大事な話をしますので、前を向いて、姿勢を正します」

　初日、大多数の生徒はこれで前を向くはずである。それでも前を向かない生徒がいる場合には、次のような対応が考えられる。
（1）その生徒の方を見て、話さずに待つ。先ほどの指示が聞こえずに話していた場合などは、これで気づき静かになる。
（2）「あと〇人が話をやめるまで待ちます」と話す。周りの生徒が声をかけてくれる場合もある。
（3）「〇〇くん、××くん、今から大事な話をします。話をやめて前を向きなさい」と個人名を入れて声をかける。
（4）それでもやめない場合には、生徒の机まで行き、「前を向きます」と声をかける。この場合に、大きな声で怒る必要はない。しかし、力を込めて、全体に聞こえるように、声をかけることが必要だ。

　いずれの対応にせよ「教師が話をしているときに私語をするのは許しませんよ」ということを全体に示すということが必要である。

　最初に私語を許してしまい、学期の途中から直させようとするのは難しい。初日、最初の学活で徹底させることが大切だ。

2．机の上には何も置かせない

　初めて学級担任を持った頃、上記の内容を徹底できずにいた。

出張で代わりに帰りの会を学年主任にお願いした翌日、「帰りの会、誰も話を聞いてないな」と言われた。そのとき受けたアドバイスは次だ。

> 話を聞かせたいときには、机の上に何も置かせないこと。

生徒の机の上に配られたばかりのプリントがあると、そのプリントに目が行く。一見静かに話を聞いているようでも、プリントを読んでいる可能性がある。その場合、教師の話は入らない。同様に、手に何かを持っているときに話をしても、聞いていないと考えた方がよい。

3．教師が変わることで子どもも変わる

話を聞かない生徒に対応し、話を聞かせると同じくらい大切なのは次だ。

> 教師が「聞かせる話」をすること

本書にも様々な「語り」の例が掲載されている。生徒に何を伝えたいのか簡潔にまとめ、練習をして臨むとよい。話し方に抑揚をつけたり、間を置いてみたりと変化をつけると生徒も集中して話を聞くようになる。

さらに、静かにしていることを当たり前と思わずに、「話を聞いている状態を褒める」ことも有効だ。人は褒められることで、その行動を次も継続しようと思える。
「○○くんの話の聞き方は、まっすぐにこちらを向いていて、とてもいいね」というように個人を褒めたり、「○組の話を聞く姿勢は素晴らしい」と集団を褒めたりして、話を聞く姿勢を学級に定着させたい。

子どもに「話を聞くこと」ばかりを要求するのではなく、「聞かせるためにどうしたらよいか」を考え教師が変わることもまた、必要だ。（星野優子）

長谷川のコメント

生徒に対して聴く態度の指導はもちろんする。同時に、生徒が思わず聴き入ってしまう話をするのがプロだ。プロは批判の矢を常に己に向ける。

初日にいきなり遅刻してきた
～理由により対応は変わる～

1．まずは原因を聞く

　初日から生徒が遅刻してくる原因として、様々なものが考えられる。例えば次のようなものがある。
（1）寝坊・気の緩み
（2）事故等による思いがけない遅れ
（3）校則無視・怠学
「遅刻」として一括りに考えるのではなく、どのような理由なのかによって指導の仕方は異なる。頭ごなしに叱るのではなく、まずは「どうしたのですか？」「なぜ遅刻してしまったのですか？」と確認することが必要である。そのうえで、どう指導するのがその生徒の今後の生活に有効なのかということを考えて、指導にあたりたい。

2．パターン別対処法

(1)「寝坊や気の緩み」が原因の場合

　初日に寝坊をする場合には、春休みで生活リズムが不規則になっている可能性がある。
　まずは本人に春休み中の生活を確認する。次に、テレビの時間等を定め、夜10時ごろ（時間の設定は生徒と話して決めるとよい）には寝るようにすること、目覚まし時計を複数準備して起きるようにすることなど、具体的な対処法を教える。
　また、家庭に連絡を一報入れ、「初日に寝坊してしまったとのことでしたので、生活リズムが少し乱れているのではないかと心配になりました。大変お手数ですが、最初の1週間程度、ご家庭でもご協力いただき、朝、時間通りに起きるように声をかけていただけますでしょうか。新しい学年になって最初ですので、よいスタートを切らせてあげたいと思っているので、お願いします」と伝えておくとよい。

(2)「事故等による思いがけない遅れ」が原因の場合

　不慮の事故による場合には、叱る必要はなく「怪我はなかった？」「ご家庭の方は知っているの？」など、事故後の処理を確認して対応するとよい。

ある年、入学式の日に遅刻した生徒がいた。どうしたのか聞くと、保護者と校門前で記念写真を撮るのに夢中になってしまって時間が過ぎてしまったとのことだった。このように、子どもには非はない場合もある。「中学校では、8時25分までに教室に着席しておくのが学校のルールだから、明日からは守って登校してね」と伝えればよい。

（3）「校則無視・怠学」が原因の場合

　初日から意図的に遅刻をしてくる場合には、前年度から生活が乱れている可能性が高い。始業式前の学年会議で、そういった可能性がある生徒については情報共有をし、主任や前担任から事前に連絡を入れておくとよい。
「少し気になったから連絡しました。明日から学校が始まるから、8時25分に着席していられるように登校するんだよ。新しい学年のスタートなのだから、気持ちよく始めよう」と短く伝えておく。
　それでも遅刻したのであれば、放課後等の時間に短く話をする。このときのポイントは次だ。

---
①生徒にルールを言わせること。
②叱るだけではなく、「君ならできる」というメッセージを伝えること。

「何時までに登校するのが学校のルールですか？」と聞く。知らない生徒はいない。「そうだね、ちゃんと分かっているね」と、生徒の言葉を認めた上で、「分かっているのだから、明日は時間を守って登校できますね？」と確認する。「新しい学年になったし、○○くんならできると思うよ」と、生徒を信じ、そのことを伝えるのである。その上で、家庭にも連絡をする。
　ただ、このような生徒は、1回の声かけで劇的に変わる可能性は低い。（1）の対処法も踏まえ、継続的に粘り強く声をかけていく必要がある。（星野優子）

長谷川のコメント

　問題行動に対する指導では、原因を追究するのもよいが、次にどうするか、どうすれば直せるかを共に考える姿勢が最も大切だと思う。

6 ケンカを起こした生徒への対応
～「どうすればよかったか」で未来につなげる～

　教室は、集団生活を行う場所であり、どの学級でもケンカなどのトラブルは起きるものである。上手く対応できれば、「先生に入ってもらうと、解決する」と生徒が実感し、信頼を得ることができるが、対応を間違うと、信頼を失ってしまう可能性もある。大切なのは、「生徒の自尊心を傷つけない」ということだ。ケンカを起こした生徒への対応のポイントは3つ。

> ①両者平等に対応する
> ②どうすればよかったか、自分から話をさせる
> ③どうすればよかったか、を1点伝える

1．両者平等に対応する

　けんかの程度にもよるが、トラブルが起こった場合、私は学年主任、学年生徒指導担当と相談の上、次のように対応している。

> （1）必ず両者から事情を聞く。
> （2）「けんかが起きないようにするためには、どうすればよかったですか」と聞き、自分の行動について振り返らせる。
> （3）2人から聞いて、よく分からない時は、教師がポイントだけを質問する。時には、見ていた子ども達に確かめる。
> （4）互いに自分の反省点を謝罪させる。
> （5）「今回のことで、先生に伝えておきたいことはありませんか」と確認し、後に残らないようにする。

　経験上、こだわりのある生徒の場合、一方の生徒の話ばかり聞いていると、対応が不公平だと感じてふて腐れたり、拗ねてしまうことがあった。しかし、この方法は両者平等である。この方法により、こだわりのある生徒も納得して、教室に戻れるようになった。

2．どうすればよかったか、自分から話をさせる

　生徒が自分で話すことができれば、トラブルの半分は解決している。「生徒指導は、生徒に納得させること」。これは、欠かしてはならないポイントである。生徒の口から話していることは、生徒自身が納得している証拠。教

師が語ってばかりよりも、何倍も良い。私は、次のように聞く場合がある。

> 「なぜ呼ばれたか、分かりますか。」

けんかの経緯と自分の行動の反省が出たら二重丸だ。自分の行動の反省を自分から述べている分、解決は早くなる。自分の口から言えたら、あとは上記の（3）～（5）の対応に進めばよい。教師が改善点を長々と話すよりも、子どもの自尊心も傷つかずに済む。

3. どうすれば良かったか、を1点伝える

ケンカが起きた際には、（1）～（5）の対応をとった後、最後に1点伝えるとよい。1点であれば、どの生徒でも心に留めておける。その際、次の点に留意する。

> ①アンガーマネジメントを教える。
> ②具体的で、その生徒ができそうな行動を伝える。

「アンガーマネジメント」とは、1970年代にアメリカで始まった、イライラ、怒りの感情と上手く付き合うための心理教育である。自分自身の感情をコントロールする、またはポジティブなものへと変える様々な方法が開発されている。例えば私は、カッとなると衝動的に手を出してしまう生徒には、次のことをその時々に応じて伝えていた。「困ったとき、嫌だなと思ったときは、先生の所へ来なさい。」「手を出しそうになったときは、手をグーで握って10数えるのですよ。」

具体的な行動は生徒の頭に入りやすく、「どうすればよかったですか。」と尋ねるとこの2点を答えるようになった。カッとなっても手を出すまで少し我慢できるようになり、手を出すまでに教師に相談できるようになった。その生徒ができそうな行動を伝えることで少しずつ変化が見られる。

このように、生徒の自尊心を大切にした対応をする。それが、生徒の信頼を得る生徒指導のポイントである。（柴山 悠）

長谷川のコメント

事情聴取の際に腕の差が出る。プロは言外のメッセージまで聴き取る。ちなみに、アンガーマネジメントはプログラムである。これからを生きる教師には学ぶことを勧める。

7 服装が乱れている生徒への対応
〜直すまで教えつづけよう〜

1．個人で、1回で、なんとかしようとしない

服装指導のポイントは次だ。

> （1）一人で対応せず、組織で動くこと。
> （2）1回で完璧に直ると思わないこと。

以下、それぞれについて述べる。

（1）一人で対応せず、組織で動くこと

例えばある女子生徒がスカートを短く上げて廊下を歩いていたとする。ある教師はそれを何度も注意し、別の教師は声をかけない、というように、教員の指導体制に差があると、服装違反は直らない。
「あの先生はうるさいな」と思う教師の前でだけ言うことを聞き、その教師がいなくなったらまたスカートを短くする、の繰り返しである。
　または、口うるさく指導する教員に反抗し、「〇〇先生には何も言われなかった」と言う可能性もある。
　だからこそ、服装指導（服装に限らず生徒指導体制）は次が重要である。

> 年度当初に学校の指導体制を確認し、個人による差を極力なくすこと。

　直す気がない場合には保護者に連絡を入れる・直すことができないようにスカートを切るなどしてしまった場合には一旦下校させ、正しい服装になってから再登校させるなどの対応も、学校として統一が必要だ。

（2）1回で完璧に直ると思わないこと

　テレビや雑誌の影響もあり、間違ったおしゃれ感覚で服装違反をしている生徒もいる。そのような生徒に「規則だから」と1回話をしただけで完璧には直らなくて当然だ。
　長谷川博之氏は、荒れた学校に勤務した際、生徒への指導の仕方として「同じことを、叱らずに400回語った」と話していた。
　一度や二度、指導をしただけで生徒は簡単には変わらない。大きな声で

叱っても、本人が納得して直そうとしなければ、その場だけで終わってしまう。学年・学校の先生方と協力し、繰り返し、粘り強く指導をしていく覚悟を持つことが大切だ。

2．指導の実際

例えば、次のように指導する方法がある。

（1）非言語で指導する

言葉で指導すると生徒も言葉で返す。結果として言い争いになることがある。黙って第二ボタンを指さすなど、ジェスチャーで示すのも有効だ。

（2）明るく指導する

日々繰り返す指導だからこそ、明るく声をかけたい。「はい、だらしないから直す！」「また（スカート）短くなってきてるよ！」など、あくまで明るく声をかけるとよい。こちらがにこにこと声をかけると、生徒も明るく返してくることが多い。

（3）ちょっとの変化を褒める

「前よりも少し長くなったね」「ボタン、ちゃんと閉まっているね！ いいね」など、生徒が少しでも改善したら褒めることも必要だ。『あなたのことを見ているよ』というメッセージにもなる。

（4）服装の大切さについて語る

年度当初、服装違反が起こる前の指導として行っておくとよい。社会に出るとまずは見た目で判断されることや、服装が乱れていると気持ちが乱れやすいなど、様々なエピソードを準備し、違反を未然に防ぎたい。

（5）他の場面でたくさん声をかける

声をかけると注意ばかり、では生徒との関係が崩れやすい。授業中や休み時間など、服装以外での会話を大切にし、生徒との関係を築いておくことが大切である。（星野優子）

長谷川のコメント

服装指導は根比べだ。明るく短くしかし退かずに、気長にやることだ。

8 ガラスを割ってしまった生徒への対応
〜学校のルールを確認し、対応を統一する〜

対応のポイントは次の3つである。
1. 生徒のケガへの対応
2. ガラスの処理
3. 再発防止

1．生徒のケガへの対応

第一報の状況によるが、ケガ人発生などの重大な状態の場合はまず、現場に多くの職員で向かう。

> 生徒がケガをしていれば、その処置が最優先となる。ガラスのケガは大量出血をもたらすことがある。

以前、自分が勤務していた学校で事故があった。男子生徒二人がふざけ合っていた。生徒AがBの腕をつかんでBを振り回していた。Bもそれほど抵抗することなく、ぐるぐる回っていた。そのとき、つかんでいた腕が外れた。Bは廊下の窓ガラスに腕を突っ込んだ。割れたガラスで腕の動脈を切り、大量出血。私他複数で駆けつけた。腕の止血点と思われる場所を押さえても出血が止まらない。複数の職員で押さえて、やっと一時的に止血できた。もちろん、救急車で搬送。入院となった。

2．ガラスの処理

ケガがなければ、割った当事者に片付けを手伝わせる。

> ただし、興奮状態であれば、別室で落ち着かせる必要がある。

一報を受けたら、軍手、新聞紙、ビニール袋、捨てても良い雑巾、掃除機を用意する。割れたガラスをバケツに入れるか、大きめのビニール袋に新聞紙を広げ、そこに入れる。素手で処理しない。手伝おうとする生徒がいれば手伝わせても良いが、ほうきで掃かせるなど、直接手で触れない作業を手

伝ってもらう。

　広範囲で飛び散っていると想定し、処理する。教室で机・イスなどが破損場所の近くにあれば、全て動かしてから、掃除機を使い、その後、雑巾で拭く。小さな破片でも、残っていれば、その後の清掃時にケガをする可能性があるので、徹底的に掃除する。雑巾がけをするときには軍手を着用する。使った雑巾及び、軍手はガラスの破片がついているモノとして、全て処分する。再利用するなどと考えない方が良い。

3．再発防止

　ガラスは普段通りの学校生活を過ごしていれば、割れるモノではない。割ればケガをする可能性があるなど誰しも分かることである。そのあり得ないことが起こったのであれば、その原因があるはずだ。

> 故意なのか、事故なのかを確認する。

　故意なら、何かしらの怒りにまかせた行動か、愉快犯かである。

　何かしらの原因で怒りにまかせ、破損したのであれば、冷静にさせた後、その理由をまず聞く。その上で、破壊という行為の危険性を話す。

　愉快犯であれば、公共物の破壊という点を指摘し、保護者召喚のうえ、厳しく指導する。もし、ガラスが複数枚であれば、警察に届け出て、処罰してもらうことも視野に入れて対応する（最終的には管理職判断である）。

　事故であれば、関わった生徒は悪いことをしたという自覚がある。ガラスが割れるまでの経緯を詳細に確認する。

　全てに共通するのは、再発の防止である。今回の件をどのように思っているのか、どうすれば防げたのか、今後、気をつけることは何か、を問いかける。それについての考えを、該当生徒から説明させる。教師の説教という一方的な話で終わらせない方が良い。（間　英法）

長谷川のコメント

　プラス、故意及び遊びの中の器物破損は全額弁償をルールにするのが良い。

「やれないのか」「やらないのか」を見極める
～やれない生徒には方法を教えよう～

1. やる気がないのはなぜなのか

　何を言ってもやる気がない生徒がいる。授業に限定して考えてみると、大きく二つに分かれる。

（１）やりたくても、やり方が分からず「やれない」生徒
（２）やれるのだが、「やらない」生徒

　（１）の生徒は、やり方が分からないことを恥ずかしいと感じている。分からないことを周りに悟られないために、あえてやる気がないという態度をとっている。まずは、やれるようにすることが大事だ。
　（２）の生徒の場合は、やる気がない状態を見ただけでは、原因が分からないことが多い。本人と話をしたり、周りから情報を集めたりすることが大事だ。
　絶対にやってはいけないのが、以下の対応である。

怒鳴って解決しようとする

　私が以前授業を担当した中３の生徒は、授業が始まる前から突っ伏していることが多かった。その時は、段々と感情的になってきて、その生徒を怒鳴りつけてしまった。しかし、何も変わらなかった。
　今考えると、その生徒のやる気がないのは、私の授業だけではなかった。全ての授業で突っ伏していたのだ。自分だけが馬鹿にされているのではと考えることなく、落ち着いて対応すべきだった。
　その生徒を怒鳴りつけてからは関係はどんどん悪くなっていった。

2. それぞれの対処法

　具体的に、どのように対処をしていけばいいか。
（１）やりたくても、やり方が分からず「やれない」生徒
　やれない場合にはやり方を教えるしかない。だが、授業中にその生徒にだ

け個別指導をすると、周りの目を気にして、さらにやる気がない態度をとる可能性がある。その生徒への指導が目立たないように工夫する必要がある。例えば次のような対応がある。

> ①ペアや周りと話し合える時間をつくる。
> ②全員が教師のチェックを受けるようにして、何も書けなくても相談に来るように指示する。
> ③全体に指示を出し、その間に個別指導にあたる。

①は、教師が発問をした後に、「お隣さんと話し合いなさい」や「近くの人と話し合いなさい」と指示をする。教師には反発する生徒も、生徒同士だとやる気になる時もある。

②は全員がチェックを受けるというのがポイントである。ほとんどの生徒がチェックを受けていれば、「あと二人来ていません」と言って煽ることができる。

③は全体に指示を出すことで、個別指導に行っても、該当生徒が目立たなくなる。一人だけが目立つことなく全体を巻き込んでいく指導を心がけると良いのではないか。

（2）やれるのだが、「やらない」生徒

この場合は、何か原因があるはずだ。素行不良で、皆と同じことをやることが、格好悪いと思っている、教師のことが嫌いであるなど様々だ。

何が原因かを知るには、本人に話を聞いた方が良い。素直には話さないかもしれないが。本人に確認しないと、適切な対応ができない。

また、楽しい授業をするというのもポイントだ。授業が楽しければ、少なくとも周りの生徒は授業に積極的に参加するようになる。教室全体の雰囲気が、やるのが当たり前だという状態になれば、やる気がない生徒もやるかもしれない。何がその生徒に合っているか分からないので、一つ一つ実践していくことだ。（森田健雄）

長谷川のコメント

やらないのかやれないのか。このアセスメントを正確に行うことが第一だ。やれるのにやらないのなら、やらざるを得ない状況をつくればよい。

10 規則違反の頭髪で登校した生徒への対応
～防止と即時対応～

1．まずは防止

　昨日まで、とてもいい子だったのに、始業式にいきなり茶髪にしてきた、髪形を変形してきたという経験はあまりない。

　だとすると、始業式前までに予防ができるはずだ。私が考えた防止策は以下だ。

（1）保護者に協力してもらう。
（2）普段から頭髪については、学校の規則に従って指導する。
（3）春休み中に家庭に連絡する。
（4）本人と春休みの過ごし方について話す。

　（1）については、まずは全体に示すのが良い。保護者会や学級懇談で、「頭髪が規則違反だった場合には、ご家庭に帰しますので、きちんとさせてから登校させてください」と話をしておく。保護者全体に協力を仰ぐというのがポイントだ。

　また、頭髪が心配な生徒は他の場面でも心配なことが多いだろう。日頃から保護者と連絡をとり、関係をつくっておくことも大事である。

　（2）については、普段から学校の規則に従って指導をすることが大事だということだ。普段は指導をしていないのに、始業式だけ指導をしようとしても、指導に従わないだろう。

　また、学校の規則に従って指導するのも大事なポイントだ。髪型について、個人の勝手な判断で動いていると、生徒は段々と指導に従わなくなってくる。

　（3）については、保護者に「春休みはどんな風に過ごしていますか」と聞くだけでも良い。

　（4）については、春休みが始まる前でも、春休み中でも、本人と電話や部活動の時に話をするということだ。教師に見られていると感じれば、歯止めがかかる生徒は多い。

　では、それでもルール違反をした生徒には、その当日どう対応していくかを書いていく。

2．当日の対応

　B君は、前年度の途中から少しずつ違反行為が増えてきた生徒だった。服装や授業態度で毎日のように注意されていた。学校外での違反行為も増え、春休みの生活が心配される生徒の一人だった。

　B君とは、春休みに部活に参加することを約束し、服装や頭髪についても違反せずに登校するように話をした。

　だが、B君は春休みの部活に参加することはなかった。そして、保護者に連絡をすると、夜遅くまで遊んでいるということだった。保護者には、始業式に、しっかりとした服装や頭髪で登校するようにお願いをした。

　始業式当日、B君は茶髪で登校した。他の学年職員がそのことに気づき、該当学年の職員がすぐにB君のところに向かった。その後、次のような流れで指導した。

（1）B君に髪型が違反していることを認めさせる。
（2）いつ、どこで、誰と、どうしてそういう髪になったのか確認。
（3）保護者に連絡をとり、一度家に帰すことを伝える。
（4）B君に一度帰って正しく直してから登校するように伝える。

　前担任、生徒指導担当、学年主任などが対応した。他の生徒も登校しているので別室に移動しての指導だった。短い時間で行い、B君は一度家に帰った。保護者は困惑していたが、すぐに頭髪を直し、登校させることを約束してくれた。これは事前に話をしていたから出来たのだと思う。

　中には、直させることに文句を言ってくる保護者もいるかもしれないが、そういう場合もひるまず対応した方が良い。（森田健雄）

長谷川のコメント

　校則違反に対して誰がいつどのように対応するか。まずは学校のルールを明確に文書化しておくことだ。これがないと担任が苦労する。生徒指導主事及び生徒指導部の責任である。

1 数学

~難しい数学をシンプルに、楽しく教える~

1．最初から授業に入る

　数学は最も「難しい」「苦手」と感じる生徒が多い教科である。中学校に入り「算数」から「数学」に変わることで、生徒はより一層苦手意識を持ちやすい。だからこそ、黄金の1時間目には次のことを意識して授業を進めたい。

> 「できた」「分かった」という体験をさせ「1年間数学をがんばろう」という気持ちにさせること。

　教科書を見てみると、各学年とも、1学期最初の単元は比較的易しいものが多い。特に、文字式の計算は小学校の四則計算ができていれば解くことができる問題が多い。
　1時間目から教科書の内容に入り、その中で「できた」という達成感を与えて、1年間の意欲につなげたい。

2．教科書を使って1年間の見通しを持たせる

　毎年、どの学年でも行うのが、目次を使っておおよその1年間の見通しを持たせることである。
「教科書を開きます。○ページ、目次」
　生徒が全員教科書を開いたことを確認し、各章の項目を読み上げていく。生徒にもついて読ませるなどし、暇な時間を作らないようにしたい。
　ところどころで「ここまでで1学期が終わります」「この単元が終わると2学期終了です」などの目安を入れながら、各項目を確認していくと、生徒も1年間のおおよその見通しを持つことができる。
　私は数学でも生徒に声を出して問題文を読ませることが多い。それは、黙読だけでは問題の内容が理解できない生徒がいることや、黙読しているようで実際にはあまり読んでおらず、他のことを考えている生徒がいるからである。声に出して読ませることで、学習内容に集中でき、理解度も高くなる。
　目次で1年間の目安を示すとともに、「数学の授業中には声を出して教科

書を読みますよ」ということを生徒に教えているのである。

3．教科書の基本的な「型」を活用する

　算数・数学の教科書は、他の教科書と圧倒的に構成が違う。それは、数学の教科書はそれ自身が「問題集」の役割も兼ねているということである。

　基本的な構成は次だ。

> （1）例示問題（例題）
> （2）練習問題（問題）
> （3）発展問題（まとめの問題など）

　そして、教科書の様々な挿絵なども、この（1）（2）を解くための補助として構成されている（各章の「とびら」のページは別である）。

　よって、まずは教科書の「例示問題」をどのように教えるかを検討する必要がある。なるべく教師の説明を少なくし、生徒に原則を教えながら進めていくことが必要である。

　例示問題では、大切なことを生徒に言わせながら進めていくのがポイントだ。例えば中2であれば、最初に行う「文字式の計算」は、中1で行ってきた計算とほとんど変わらない。

「例1。式をノートに書きなさい」として式をノートに書かせ、次のように生徒に問えばよい。

「まず、何をしますか？」

　これは、例題なので教科書に答えが出ているので、誰にでも答えることができる。

「まず、同類項が集まるように並び替えをします」

「そのとおり。並び替えてごらんなさい」

　生徒が式を書き終わった頃を見計らって、また問う。

「次に何をしますか？」

　これも、教科書を確認して答えることができる。

「同類項をまとめます」

「そうです。まとめなさい」

> ポイントとなることは教師が教えず、生徒に言わせる。

　ついつい説明して生徒に理解させたくなるが、そうではなく、生徒から大事なことを言わせるようにして授業を進めると、生徒も集中して授業に取り組むようになる。
　例題が難しい場合には、考え方の助けとなる補助問題を出すなどしてから例題に入ると、生徒の負担も少なくて済む。
　例題がしっかりとできていれば、あとは「練習問題、さっきと同じように解いてごらんなさい」
　と指示を出すだけでよい。例題で学んだ解き方の「型」を活用するのである。

4．オススメ教具「中学百玉そろばん」

　黄金の1時間目、オススメの教具は「中学百玉そろばん」である。日本の伝統的な教具である「百玉そろばん」を色分けし、中学校の学習に活用できるようにしたものだ。
　次のように使う。（以下、「　」は教師、（　）は生徒の言葉）
「百玉そろばん、と言います。小学校の復習」
　黄玉を1つ動かす「1」（1）「そう。もう一度、（黄玉を動かして）1」（1）
　黄玉を1つずつ動かしながら2、3、4……と数えていく。
「中学校の学習」黄玉を1つ動かす。「＋1」（＋1）
「その通り。もう一度」黄玉を動かす。（＋1）「その通り」＋2、＋3……と順に玉を動かす。
「じゃあ、これは？」赤玉を動かす。必ず（－1）と答える生徒がいる。その生徒を思いきり褒める「よく知ってるなぁ！　マイナス1、と言います。言ってごらん」（マイナス1）「そうだ！」
　赤玉を1つずつ動かしながら－2、－3……と順に数えていく。
　この教具の良さは、「プラス・マイナスの概念と量が見た目で分かる」ということである。
　黄玉と赤玉という色の違いでプラス・マイナスが反対だという感覚を持ち、

そろばんの玉が増えていくことで量感を持って計算をしていくことができる。授業の最初3〜5分程度をこの百玉そろばんで始めると、だいたい3時間くらいで正負の数の足し算はマスターすることができる。

また、2・3年生であれば、1玉を『＋x』として設定し、文字式の計算として復習に使うこともできる。ぜひご活用いただきたい。（トモエそろばんにて発注可能）

5．難問で頭の体操を

教科書を使って最初の単元を学習し、最後の5分程度を「難問」で締めるとよい。マッチ棒クイズや図形の問題、解けそうで解けない問題など、数学パズルのような問題は、数学が苦手な生徒も意欲的に取り組む。
「解けたら答えを書いて前に持ってきなさい」と指示し、教師は○か×かだけを告げるようにすると、生徒も熱中してノートを持ってくる。

例えば、向山洋一氏が小学生を相手に出した問題の一つに「ある1日の昼の長さは、夜の長さよりも1時間長い。昼の長さはどれくらいか」という問題や、木村重夫氏が提案した「右図の点をつないでできる正方形は全部でいくつあるか」という問題がある。

実際に答えを求めてみると分かるが、単純に考えると間違えやすい。算数・数学が得意な生徒が急いで答えて間違え、普段数学が苦手な生徒がじっくりと考えて正解するなど、盛り上がる場面を作ることができる。（星野優子）

長谷川のコメント

大切なのは授業の最初でエラーをさせないことである。そのために教科書を用いる。型を教え、習得させ、これをその後に活用させるのである。数学嫌いを生まないための鉄則である。

2 理科
~理由を考えさせる実験から始める~

1．お金は磁石につくか

　理科は実験が授業の中心であり、最初の1時間目から実験を行いたい。中学1年生へのお勧め実験は「お金は磁石につくか」である。

　先行実践は小森栄治氏である。HP上に実践データがあり、誰でも閲覧できる（http://tes.starclick.ne.jp/lesson/lesson.htm）。HPには、この実験だけでなく、授業ルールや理科室の使い方なども示されている。

　書籍として小森栄治・秋間崇編集『中学理科の授業開き　一年が決まる"黄金の3日間"のシナリオ』（明治図書出版）があり、中2、中3向けの授業開きの実験も記されている。

2．実験器具

(1) ネオジム磁石

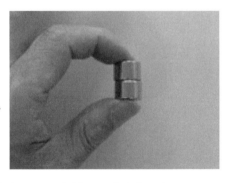

　理科の教材カタログや磁石専門の会社のHPを確認して購入する。写真の磁石は直径1.5cm、厚さ1cmである。2個1セットで販売されている。また、直径が大きすぎる場合、磁石同士で張り付くと、外せなくなる。生徒に扱わせるのは危険なのでさせない。指を挟んで血豆をつくりかねない。販売されている磁石の種類としては世界で一番強力である。

　腕時計といった精密機械、電車の切符といった磁気製品が近くにあると、破損させる可能性があるので取り扱いは慎重に行う。私は腕時計を外して実験している。

(2) お金（1円玉～500円と1万円）

　お金にセロテープで糸を貼り付ける。糸は細めの縫い糸が良い。たこ糸で行うと、硬貨がクルクルと回り使いにくい。糸の長さは25cmほどがよい。この長さの糸を指に巻き付けるので、操作時はより短めになる。短い方が操作しやすい。糸が長いと手元が少し震えただけでもお金が揺れ、「ついた」

「つかない」の確認が行いにくい。

1万円は縦に、「10000」という数字が下になるようにつるす。糸は紙幣が回転しやすいように真ん中に付ける。インクの濃い部分に磁石を近づけると引きつけられる。インクの中に磁性体が含まれており、この部分が磁石に引き寄せられる。

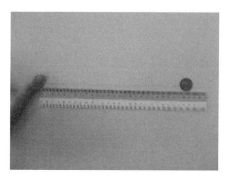

3. 授業の実際

この実験の時間は20分〜25分である。最初の1時間目であり、前半に簡単な自己紹介、教科書及びワークの記名確認、授業ルールの確認を手短に行い、後半に実験を行う。

「理科は、観察や実験で学習を進めます。早速、今日からやっていきましょう」と、ワークシートを配布する（元データは最初に紹介したHPにある）。

「今日の実験は、お金が磁石につくか、つかないかです。

かがく			
お金は磁石につくか、つかないか？			
お金は磁石につくのでしょうか？図のように糸でつるしてよくわかるようにして、磁石を近づけてみましょう。			
	予想	予想した理由	実験の結果
1円玉			
5円玉			
10円玉			
50円玉			
100円玉			
500円玉			
【疑問に思ったこと－思ったらすぐに書いておきます】			
【今日の授業の感想】			

使う磁石はこれ。世界最強のネオジム磁石です」。そう言って、ネオジム磁石を見せる。はさみなどの文具を引きつけたり、手の「ひら」と「甲」を磁石で挟み、張り付いている様子を見せる。時間があれば、いすや机のスチール部に張り付け、生徒に磁石を外させる。

「最初は1円玉です。磁石につくと思ったら、予想に○、つかないと思ったら×を書きなさい。その理由も書きます。では、どうぞ」と言い、その間に、「つく」、「つかない」と予想した人数を記す板書をしておく。書き方は次の

ようにする。

	1円玉	5円玉	10円玉	50円玉	100円玉	500円玉
つく つかない						

　板書の準備ができたら、挙手させ、予想を確認する。人数を確認したら、挙手させて、少人数の方から理由を尋ねる。
「金属だからつく（逆につかない）」「1円玉はアルミで、アルミは磁石にはつかない」など出てくる。「何となく」と出た場合は、次の話をする。

> 「何となく」は1円玉の色やこれまでの経験で何となく、と答えたのですよね。その場合は、光っているからでも良いし、磁石につくということを聞いたことがないからといった理由をつけるのが理科の授業なのです。

「発表された理由を聞いて、自分の考えを変えたいという人はいますか」と変更を確認し、いよいよ実験に入る。人数の変更があったら、チョークの色を変えて、板書する。
「やってみます」と糸を手で持ち、反対の手で近づけていく。スタンドなどで固定しない方が良い。ネオジム磁石の磁力が強く、渦電流が発生し、その電流の発生に伴う磁界が生じて磁石が動くからである。両方を手で持つことで、ハッキリした動きを分かりにくくすることができる。磁石も近づけていき、つかないことを確認したら、「ダメかな」と言って、磁石を持っている手をストンと下に落とす。引き戻すと、生じた磁界のために引きつけるような動きを示すので、下に落とすのが良い。
「1円玉はつきません。正解した皆さん、おめでとう」と笑顔で褒める。「1年玉はアルミでできています。アルミは、磁石につかないのですね」「では、5円玉はどうかな」と次に進めるが、「次の実験を始める前に質問はありますか？」と尋ねる。
「材質は何ですか」と尋ねてくれば、材質を答える。

> 材質に着目して理由を考えようとするのは理科的で良いね。

　こうすると、根拠が生じ、予想を立てやすくなる。
　その後の進め方は１円玉と同じである。
　結果、硬貨はすべて磁石にはつかない。その後、お札を使う。
「お金って書きましたが、お金はこれだけではないよね。何があるかな」と尋ねると「１万円」「５千円」といった、お札が出てくる。「そう、お札ですね」とポケットに入れて置いた財布から１万円札を取り出す。ワークシートに「１万円札」と記入させ、予想と理由を書かせる。
　人数を確認し、理由を言わせる。「紙だからつかない」と答える生徒が多い。一方「ここで取り上げるということは、つくんじゃないかな」とか、「お札を見分けるのに磁石につく成分が入っている」と答えた生徒もいた。
「磁石につくとしたら、どこならつきそうですか」と尋ねる。生徒は「光っているところ」と答える。実際にやってみるがつかない。「違うところでやってみます」と「10000」というインクが濃くなっている数字の部分に近づける。すると、引きつけられる。くるりと回転させてみせる。
「インクに磁石が引きつける成分が入っています。どうして、こんな手のかかることをするのですか」と尋ねると、「見分けるため」「偽札防止」という答えが出てくる。「そうです。理由があるのです」

> どうして、そうなるのかと、理由を考えるのが理科の授業です。こうやって実際に調べてみると、当たり前と思っていたことでも、実は違ったり、新しい発見をすることがありますね。これから、１年間、観察や実験を通して、勉強していきましょう。

（間　英法）

長谷川のコメント

　１万円札のつるし方のアドバイスに、筆者の実力を見る。本実験の肝は実験の「順番」である。書かれた通りに行うことを勧める。

3 社会
～楽しい活動を通して、授業で大切にしたいことを伝える～

1．1年間を見通してスタートを切る

現在、授業開きで意識しているのは、

> 1年間の授業で行う可能性のある行為は、できるだけ出会いの1時間目で行うようにすること

である。具体的には、次の8点である。

> ①ノートの1行目には、毎時間日付を書くこと
> ②ノートの2行目には、その日の授業内容を書くこと
> ③指名されたら、「はい」と返事をしてから答えること
> ④答える際には、「○○です」と答えること
> ⑤手を挙げる時には、肘をまっすぐに伸ばして挙げること
> ⑥他の人の意見もノートに書くこと
> ⑦ノートを見せる時には、両手で先生の方に向けて見せること
> ⑧隣同士で話し合ったり、調べたりすること

これらを、説明ではなく作業を通して教えていく。以下、ある年の1年生の授業開きである。

> 指示1　ノートを開きます。ノートの1行目に日付を書きなさい。

①ノートの1行目には、毎時間日付を書くことを教える。

> 指示2　2行目、世界の国と書きなさい。

②2行目には、その日の授業内容を書くことを教える。

> 説明1　今から、みんなが知っている国の名前をできるだけたくさん書いてもらいます。時間は3分間です。

> 発問1　例えば、何という国を知っていますか。1つ言ってください。○○君。

　指名して発表させる。その際、③「はい」と返事をさせてから、答えを言わせる。④答えが、「日本」と単語で返ってきたら、必ず「日本です」と言い直しをさせる。

> 指示3　それでは、鉛筆を持って、用意、スタート！

　『「用意、スタート！」と言ったら書き始めるのですよ』と言ってじらしたり、「ちなみに、今までに受け持った生徒の最高記録は、○個でした。隣の2組の最高記録は○個でした。1組は何個書けるかな」とあおったりすると、楽しい雰囲気になってくる。

　また、「1分経過、2分経過、あと30秒、間もなく終了です」と声をかけていくと緊張感が増す。

> 指示4　そこまでです。いくつ書けたか、個数を数えます。何個とノートに書きなさい。

　挙手させて、書けた個数を確認していく。⑤**手の挙げ方の良い生徒を褒める**。「□□君は、肘がピンと伸びていて、手の挙げ方がいいね」

　たくさん書けた生徒を褒める。「中学校の勉強が始まっていないのに、よく知っているね」少なかった生徒に対しては、「これから勉強して一つずつ増やしていけばいいんだよ」と声をかける。

　その後、一番たくさん書けた生徒を指名し、黒板に全て書かせる。それ以外の生徒には、「自分が書いたのと同じ国があったら、ノートにチェックを入れておきなさい。書いていない国が出てきたら、赤ペンで書き加えておきなさい」と指示し、⑥**他の人の意見もノートに書くことを教える**。

> 発問2　これに3つ付け足せる人いますか。付け足せる人は、ノートを持っていらっしゃい。

ここで、⑦ノートの見せ方を教える。両手で持って見せる、先生の方に向けて見せるなど、その場でやらせてできたら褒める。

ノートを持ってきた生徒に、追加で書かせる。3つ付け足せる生徒がいなければ、「あと2つ付け足せる人いますか」と問い、これもいなければ、「あと1つなら付け足せる人いますか」と問い、全ての意見を出させる。

> 発問3　この中に、国名でないものが混じっているかもしれません。隣同士で協力して、調べてごらんなさい。

⑧隣同士で、出されたものが全て国名かどうかを調べさせる。これにより、隣同士で活動することが多々あるということを示すことができる。「これから、世界の国々について詳しく学習していきましょう」と言って、授業を締めくくる。

2．楽しい活動を取り入れて、忘れ物を防止する

地理の授業をしていると、教科書は持ってきているが、地図帳を忘れてくる生徒が少なくないことに気付く。授業開きの際に、地図帳を毎時間準備しておくように伝えても、授業で毎回使うとは限らないので、どうしても忘れてきてしまう生徒が出るのだ。それを防ぐことのできる活動が、「地図帳を使った地名探し」である。準備物は地図帳だけで、すぐに行うことができる。これを授業開きから行えば、毎時間忘れず地図帳を持ってくる。

> 指示1　地図帳、1～3ページを開きなさい。

最初は、ページを指定して探させる。

> 指示2　今から言う国を探して、見つけたら赤ペンで丸を付けます。第1問、日本。

丸を付けたかどうか、挙手させて確認する。

> 指示3　次は、赤で丸を付けたら起立します。立ちやすいように、イスを少し後ろに引いておきなさい。第2問、オーストラリア。

10名ほどが起立したら、「自分の近くのまだ座っている人に、どこにあるか教えてあげなさい」と告げる。徐々に問題を出す間隔を短くしていく。

> 指示4　第3問、インド。

早く立った生徒に、「1番、2番、3番……」と順位をつけてやると、盛り上がってくる。また、早く立った生徒にヒントを出させると、暇を持て余して騒ぐことがなくなり、緊張感を維持できる。さらに、「次に1番になった人には、先生の代わりに問題を出してもらいます」と告げると、やんちゃな生徒は俄然張り切って探すようになり、ますます盛り上がる。

また、指定されたページから地名を探すのに慣れてきたら、索引を使わないと探せないような地名を出題する。最初はなかなか見つけられなくて戸惑う様子が見られるが、「降参ですか？」「降参の人は、参りましたと言いなさい。そうすれば答えを教えます」とあおると、自分で発見したい生徒は必死で探し、索引を使えば良いことに気が付く。それを取り上げ、褒めることで他の生徒も索引も使えるようになっていく。忘れ物がなくなるだけでなく、地図帳をくまなく見るようになり、さらには地図帳の使い方もいつの間にか習熟してしまう、一石三鳥の活動が「地名探し」である。授業開きから実施することをお勧めする。（上野一幸）

長谷川のコメント

授業規律を打ち立てつつ、ノート指導と地名探しを行わせる実践である。これに10分弱教科書を活用するパーツを組み込めば万全である。

4 英語
～黄金の三日間で1年間の動きを教える～

1．楽しかった授業開きが、一転、崩壊に

> 活動を通して授業のルールを教えていく。

ということを英語の授業開きでは意識している。

　授業開きでは、多くの生徒が、「今年は英語をがんばろう」という気持ちで授業に臨んでいる。そういう気持ちの時に、ルールを教えると、ルールが定着しやすい。

　逆に、授業開きなので、楽しい活動を重視し、ゲームや歌ばかりで授業開きを行ったことがある。授業後「授業とっても楽しかったです」と、次々に言われたが、その後授業が上手くいかなくなった。

　そうなってしまってからでは、ルールを教えようとしても、生徒にルールは浸透していかないと感じた。

　この経験から英語授業について本格的に学ぶようになった。学んでいくうちに、授業開きで大事なことが何かというのが分かってきた。今は以下のことを意識している。

　具体的にどのようなことを行っていくかを書いていく。

2．1年間を見通した授業開き

　ある年、中1の授業開きを以下のように行った。

1	挨拶～自己紹介の会話（10分）
2	教室にある物の発音練習（10分）
3	教科書のイラストで指さしゲーム（10分）
4	会話　Do you like ～? Yes, I do.（10分）
5	配布物を配る（10分）

　まず、生徒に教えていくのは、英語の時間は声を出して練習し、コミュニケーションを大事にしていくということだ。このことを「声を出しなさい」と言って、教える方法もあるが、楽しい活動を通して自然に教えていく方が生徒には浸透するのを実感している。

　例えば、1挨拶～自己紹介の会話では説明をせずにいきなり活動から入った。

> T : Hello, everyone.
> S : Hello, Mr. Morita.　（T：教師　S：生徒）

と、前置き無しで授業を始める。

> T : Hello.　S : Hello.　T : Very good.

と、"Hello." だけを使って生徒と会話をする。その後、'Hello' を使った活動を行う。

> 指示1　"Hello", say 3 students. Then, sit down. Stand up.

この時のポイントは活動の前にモデルを示すということだ。教師が誰かを指名し、活動の見本を見せることで生徒の動きが良くなる。

さて、活動の後に大事なのが発表である。

> 指示2　Any challengers?

と言って発表者を募り何人かに、"Hello." だけを発表させる。

全体の活動だけで終わらせず、その内容を発表させることで会話の内容が定着しやすくなる。

その後、自己紹介の会話に移る。

> T : Hello.　S : Hello.　T : I'm Takeo.　S : I'm（自分の名前）．
> T : Nice to meet you.　S : Nice to meet you, too.

まずは全体で行い、その後何人かと上記のやりとりを同じように行う。

その後、活動の指示を出す。

> 指示4　Talk 3 students. Then, sit down. Stand up.

活動後はまた発表させる。"Hello" の時よりも少し難しいので、発表するペアを指名しても良い。そして、そのペアを思いっきり褒めることで、他の生徒も発表への意欲がわく。

3．教科書を使った活動

また、授業開きで必ず行いたいのが、教科書を使った活動である。教科書を使って1年間授業をしていくことを教えるためだ。その中で、教科書の持ち方や、音読の方法などを教えていく。

しかし、中1の授業開きでは、いきなり音読というわけにはいかない。そこで私は教科書の絵を使った指さしゲームを行っている。やり方は以下の通りだ。

授業開きでは教科書の表紙を使って指さしゲームを行った。

| 指示1　Make a pair with your desk. |

と指示し、ペアで机を向かい合わせにしてくっつけさせる。動き方が分かっていない場合は、どこか1組の机を教師が動かしてあげると、簡単に動くことができる。

| 指示2　One textbook, put on the center. |

と言って、教科書を1冊ペアの真ん中に置かせる。多くのペアが用意できたのを確認し、いきなり色の単語を発音する。

| Blue. |

　青色が見えれば、タッチする生徒が必ずいるので、その生徒を褒めながら指さしゲームをやっているのだと示す。

　何度か繰り返し、多くタッチできた人を勝ちとする。何回か同じペアで勝負しても良いし、ペアを変えても良い。

　この時に重要なのは、生徒が教師の指示やルールに従っているという状態を作ることだ。

　例えば、最初は1回1回大騒ぎをしていた生徒達が、段々と教師の発話に耳を傾けるようになる。しっかりと聞いていた方が勝てるからだ。

　授業開きでは、このような状態を体験させておくことも重要である。授業中には教師の話を黙って聞くというルールを自然と身に付けるからだ。

4．なぜできないかを考える

　ルールを教えようとしても中々上手くいかない時もある。私は授業開きから、ルールに従わない生徒を怒鳴りつけたことがあった。その後、その生徒がルールに従ったかといえば、従わないことが多かった。

　ルールに従わないのには、いくつか理由があるはずだ。その一つに、授業がよく分からないというのがあるだろう。

　授業がよく分からないと感じている生徒を怒鳴りつけてもあまり意味はない。その生徒ができるように指導していくことが大切だ。

　例えば、文のリピートでは発音しないのなら、単語のリピートをやってみる。それでもダメだったら、ノートに単語の書き取りや、文の書き取りをさせて、それを褒めるということが必要かもしれない。

　そのためには、授業開きの前に、もし上手くいかなかったらどうするのかというのを考えておくことが大事だ。

そうすると、落ち着いて授業ができるし、ルールに従わない生徒がいたとしても、スムーズに対応できる。

　以前、私が"Stand up."と言っても、誰も立たないクラスがあった。その時は焦ったが、その経験があったので、今では授業開きで何があっても落ち着いて対応できている、事前に生徒の予想される反応がいくつも頭に浮かんでいるからだ。

　もちろん、どの生徒もできるようになりたいと考えているはずだ。できる瞬間を教師がしっかりと作ってあげることも大切だ。

　なお、様々な指導については『「外国語活動」（英語）授業の新法則』（新法則化シリーズ）向山洋一企画・総監修（学芸みらい社）に載っているので参考にしてほしい。

　毎年同じような活動を行っているが、いつも生徒は熱中し、「英語を１年間がんばる」と言っている。（森田健雄）

長谷川のコメント

　授業開きは楽しければ良いというものではない。楽しい内容を扱うのは、１年間を貫く授業のシステムを教え、ルールを定着させるためである。その鉄則を自らの失敗から学んだ著者の言葉には説得力がある。

5 保健体育
～1年間のシステムと、心構えを確立する～

1. 準備運動のシステムを確立する

　自分が中学生時代に経験してきたのもそうであるように、多くの体育の授業の流れは、以下のようなものである。

　①整列、②挨拶、③準備運動、④補強運動（筋力トレーニング、体力を高めるトレーニングを中心とした）、⑤単元の種目の運動、⑥振り返り、後片付け、⑦挨拶。

　整列、挨拶から始まる決まりきった活動では、生徒はなかなか乗って来ない。授業開始から活動で巻き込むことが大切である。

　私の場合は、授業の50分間を以下の活動のパーツで組み立てている。

---

①準備運動（1）
②準備運動（2）
③単元の種目の運動
④振り返りと整理体操

---

　①～③までは、それぞれ5分程度のさらに細かいパーツ（運動課題）に分かれている。内容は、誰にでもできる運動から始まり、少し難しい運動、全身を使った運動へと発展させる。運動の苦手な子にもできる易しい運動から、動きのある少し難しい運動へと、スモールステップになるように組み立てることで、どの子も積極的に運動に参加させ、授業中の運動量を確保することができる。

①「準備運動（1）」は体育館を5周ランニングする

　男女1列になり、1周目は普通にランニング。2周目はサイドステップ（半周で左右の向きを変える）。3周目はクロスステップ（半周で左右の向きを変える）。4周目は走りながらの補強運動を行う（手を頭の後ろに組み、両足でジャンプしながらグー、パー、……と進んで行く。半周で後ろ向きに変えて進んでいく）。5周目はダッシュ。

　その後、簡単な体操と2人組でのストレッチを行う。ここまでを、体育の学習係の号令により、生徒達だけで行うことができるようなシステムにする。

始業のチャイムを待たずに、男女毎、揃った時点で始めさせる。準備運動を自分達で正確に、素早く行うことで、後の活動やゲームの時間が確保されることを伝える。

② 「準備運動（２）」は、簡単な「折り返しリレー」を行う

チームは、教室の生活の班、又は、単元で行う種目のチームとする。

スタートの体勢を様々に変えたり、走る条件を変えたりして行う。

例えば、「正座」、「うつ伏せ」、「後ろ向きで長座」などのスタートの姿勢に変化をつける。また、走る部分はケンケン、アザラシ（腕を立てての匍匐前進）、馬跳びなどにする。組み合わせるバリエーションを変えて、３回程度行う。ここまでくると、ほとんどの生徒が汗だくになっている。

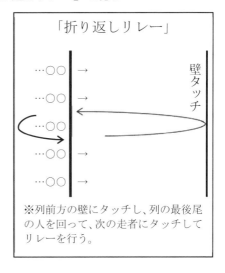

授業開きで、「全員がしっかり汗をかくことで準備運動が完了する」「体育の授業とは体を動かすことである」ということをインプットする。

2．集団行動の指導

授業の開始が楽しい活動ではなく、「挨拶の指導」から入ってしまうと、生徒の意欲は上がらない。そこで、楽しく汗を流したところで、集団行動を指導する時間を設ける。この時間に、１年間を通して素早く整列ができることと、元気に挨拶することを指導する。

指示：朝会（集会）隊形に整列をします。（「前にならえ」、「休め」、「気をつけ」の姿勢について指導する）

指示：女子（男子）の列が美しいです（力強く褒める）。男子（女子）の列が少し乱れています。男子（女子）は向こうの壁まで走って、タッチしてからもう一度整列しなさい。（笑顔で指示する）

指示：（男子の整列が完了したら）位置を変えてもう一度整列します。「整列」の号令で移動を開始します。男女で遅かった人は、また後ろの壁

にタッチして整列し直します。(教師が立ち位置を変えて、整列する場所を示して)「整列」。

指示：男子の方が速い(力強く)。女子は向こうの壁まで走って、タッチして戻ってらっしゃい。

「整列が遅いです。男女とも向こうの壁まで走って、タッチし戻って来ます」と、やり直しをさせることもある。ポイントは以下の3つである。

---
1. 変化を付けて、繰り返し指示する
2. 笑顔で指示を出す
3. できたことを褒める

活動をさせながら、素早く整列することを意識させる。

指示：次に、「集合」と指示をします。「集合」の号令がかかったら、走って私の前に集まります。「整列」ではないので、速く来た順に、バラバラに腰を下ろします。(教師は立ち位置を移動して)「集合」。

「1、2、3、……」と、順位をつけて座らせていく。そして次のように趣意説明を行う。

説明：体育の授業では、場所の移動を走って行います。少しでも試合の時間、ゲームの時間を多くするためです。私の指示や説明をよく聞いて、整列や集合の時の移動時間は短縮します。例えば、整列や集合に1分かかったとします。体育の授業は年間で70時間ほどありますから、1回の授業で1分余計に時間がかかるとすると、1年で授業1回分以上、整列や集合だけを行っていることになります。それは楽しいのでしょうか。楽しくありませんね。私も楽しい授業にするように精一杯努力します。皆さんも、整列や集合に時間をかけないように心掛けてください。

その後、礼の指導を行い、腰を折って頭を下げることなどを伝える。

3．授業中の心構え

体育の授業開きではどの学年においても必ず次の2点について語る。

> 1．運動が苦手であることに劣等感を抱かないこと
> 2．他人が失敗したことを責めないこと

　体育は、運動が苦手であるということが全員に知られてしまうという特別な教科である。他の教科は、たとえテストの点数が悪くとも、できないことがあっても、それを公言しなければ、他の人に知られることは少ない。しかし、体育の場合、その人の動きでそれが明らかになってしまう。
　このことについて、次のように語る。
　ある生徒の言葉です。「先生、隠したいんじゃないんだよ。下手だけど、私は体を動かすのは好きだもん。でも、私が一生懸命やればやるほど、笑ったり、怒ったりする人がいるから、体育やりたくなくなるんだよ。見学しちゃおうかなって思うんだ」
　体育が苦手な人は、一生懸命やっても上手くできず、その姿が他の人からはおかしく見えることがあります。失敗して、ゲームに負けてしまうことがあります。でも、それを笑ったり、責めたりすることは禁止です。そういうことをしている限り、全員が楽しく授業をすることはできません。
　他の教科では自分が苦手だということは他の人には分からないし、人に見せる必要もありません。しかし、体育で何か運動をしている姿は、隠しようがありません。できないことを、笑ったりバカにしたりすることは差別です。私はそのような差別を許しません。
　体育が苦手な人。体育が嫌いでもよいです。劣等感を持っていてもよいです。その劣等感に負けないでください。体育が得意な人、好きな人。自分の好きなもの、得意なもので他の人を傷つけないでください。
　この1年間、励まし合い、助け合い、教え合うことができる授業にしましょう。
「失敗した相手を責めない」、「お互いに励まし合う」等、体育の授業で最も大切な心構えを、授業開きで伝えることが大切である。（岡　拓真）

長谷川のコメント

　第一時に「楽しく汗を流し」てからいわゆる挨拶と集団行動の指導に入る、という組み立ては困難な現場を潜ってきた教師の経験則である。

第10章 この事前準備が３日間の成功を決める

長谷川博之

Q1 子どもの名前を覚えるのはなぜですか。

A 人は、名前を呼ばれたらうれしいからです。初対面で名前を呼ばれるということは、「この人は自分のことを知ってくれているんだ」「それだけの準備をしたんだ」ということが子どもにも分かります。「この人は自分に興味があるんだな」とか、「ただ者じゃないな」というふうに感じます。「今までの先生とは違うな」と思わせる。印象的な出会いを演出するためにも必要なのですね。

大人だって名前を呼ばれたらうれしいでしょう。子どもも同じ。それをやってあげるということですね。

Q2 長谷川先生は忙しい中で、子どもの名前を必ず覚えていらっしゃいます。その覚え方には何かありますか。

A 人それぞれでしょうね。私の場合、アルバムでひたすら覚えています。移動時間に覚えますね。セミナーに行く新幹線の車内で覚えることが多いです。覚えるためだけの時間はとれないので隙間時間を使うのです。でも、必要感があれば覚えられますよ。

１年生を担任するときは、小学校の卒業アルバムがありますよね。あるいは２年生担任だったら、１年生の時の生徒指導上の写真などがあるわけだから、それで覚えればいい。在校生だったら、顔が見られますからね。春休み中に部活動を見に行くのもいいです。中１担任より、中２、中３担任の方が覚えるのは楽ですよね。

Q3 教室掲示について聞きます。長谷川先生は、教室の掲示物としてどのようなものを準備されていますか。

A 私は自分ではほとんど作らないですね。必要なものを子どもが作る。それだけです。

学校でこれは必ず掲示するように決められたものについては、前面に、学

校目標と学年目標ぐらいは掲示します。

子ども達には、自分達でどんなものが必要かを議論させて、必要なら自分で作りなさいと指示します。私は、その時間と場所と物をあげるだけです。基本的にみなさんの教室にあるようなものができていきます。

係活動では一般の教室にはないようなものがどんどん増えますけれどもね。

ドアが開きにくい教室があって、子どもたちが「こちらのドアを使ってください」のような掲示物を作ったこともありました。そういうものも、必要だから作るのだと思います。必要なものは、全部書き出しなさい、発表しなさい、それを作りなさいと進めます。

ただし、無駄なものはいらない。ふさわしくないものはいらない。そのように最初に決めておけばいいですよね。

Q4 長谷川先生の実践では、名前を覚える時にアルバムを借りていると聞いたことがあります。子どもの名前を覚えること以外に確認しておくことはありますか。

A 中1だったら確実にやると思いますが、小学校の指導要録のチェックです。

要録を見ておいて、小学校の先生との連絡会で気になるところをちゃんと聞くことが大事ですね。何の準備もなくそこに臨んでも、会の意味が薄まりますから、ちゃんと質問事項を用意して臨んだ方がいいですよね。

このようなことは仕事する上では当たり前のことだけれども、その当たり前のことをやっていない人がいます。連絡会は開くのが目的ではない。必要な情報をどれだけ聞き出せるかが重要なのです。そのためには、こちらの準備が要るのです。

父子家庭、母子家庭等の情報や、小学校の時に1年間で何日休んだか等の数値には注目します。1年間に5日休んでいたら、不登校になる可能性が高いです。心身ともに健康な子どもは基本的に休みませんから。ですから、休みが多いかどうなのか。なぜ休んでいるのか、とかいうところをちゃんと見ますよね。分からなければ尋ねます。

あとは、学習にでこぼこがないか。例えば、4教科、国、算、社、理でもでこぼこがないかとか。例えば、小学校で実施される簡単な市販テストの結

果として出された成績が3、3、1、3だったらおかしいですよね。なぜこの教科だけ1なのか。そういうところを見ます。

Q5 中学校の先生が、他に小学校の先生に確認した方がいいことはありますか。

A 私の経験則では、小6の担任が中1のクラス編成をしてくれるのです。でも、それが当たったためしはないですね。

 だから、どうしてこういうクラス編成なのかということは突っ込んで聞かないといけないですね。私はいつも聞いています。要指導のマークがついている子どもをざっと見渡して、なぜこの子とこの子が同じクラスなのですか、とか。小学校の先生と中学の先生とでは子どもを見る視点が異なることが多々あります。そういう差異の調整を、会議の中でしていくイメージです。

Q6 長谷川先生は、黄金の三日間のノート作りをしたことはありますか。

A もちろんあります。これは毎年作ります。

 基本的に貼るのは、校長先生が配った学校の方針ですね。B4 1枚表裏ぐらいの。それを貼って、その後に学校から出された時程を貼りますね。3日間の特設日課です。あとは自分で書き込んでいきます。1日目にその学活で何やるかとか。クラスのルールとか、授業のルールとか、そういったものを書き込んでいくのですね。

 そのために、向山洋一氏の全集は必ず読みますね、黄金の三日間をテーマにした巻です。私は『教室ツーウェイ』を創刊号から全部持っていますから、黄金の三日間に関する向山氏の論文は毎年読み返します。

 そして、それを読んで気づいたことをノートに書いていきます。やってみたいなと思ったことや、過去に実践して成功した事例、失敗例等も書き込みます。

 分厚いノートができますよ。宝物です。

Q7 例えば、クラスのルールとかも書き込んだことがありますか。

第10章 荒れた学校の「黄金の三日間」──生徒に見られている担任の行為

A 巻頭論文を参照ください。チェックリストにしておきました。

あとは、褒める場面や叱る場面を想定して書いておくこともしましたね。

大学時代からカーネギーの『人を動かす』などを読んでいますから、褒めることの大切さは知っています。では黄金の三日間のどの場面で、どのように具体的な行動を切り取って褒めるか。そういうイメージトレーニングは、経験の浅いうちほど大切だと考えます。

Q8 新しい人と一緒に組んだ時は、前年度こういうことをやっていましたなどの情報をどのように共有しますか。

A 例えば、こういう子達に育てたいという学年の指導方針が決まっていればそれを共有する。育て方は自由ですから、別に共有しなくていいですね。こちらからこうしてくださいとは言いません。学級経営は担任がやりたいようにやるのが一番いいのですから。

先行実践を調べてノートを作る時も、先行実践プラスアルファの部分が個性であるわけで、それを大事にしてあげないといけませんね。

基本線を崩さずにやればいい。その基本線とは、学年経営案ですよ。

Q9 始業式を迎える前に、学級通信を用意されますか。準備される場合にはどんな内容を入れますか。

A 学級通信は前日か初日の朝に書きますね。書く内容は、新しい学校ならば自分の自己紹介。どこの中学校を経てここに来ました、教師何年目です、という感じです。子どもを見ないと伝えたいことが分かりませんが、自分が大切にすることは表明しておきます。

あとは、出会いの御縁に感謝して、1年間楽しくやっていきましょうというように書きますね。こっちが選んだわけでも、向こうが選んだわけでもなく、こうやって集まっているのだから、それは御縁ですよね。

叱ることなどについては、初日に書く必要はないけれども、文章として残しておいた方がいい。学級活動で話す時に通信を出すのがいいでしょうね。話した内容が形になっていれば子どもも安心します。

Q 10　他に、学級通信以外で何か準備しますか。

A　自分の言葉で所信表明を準備します。

黒板メッセージはやりますね。おめでとうと書いて、座席順を書くくらいですが。座席順の横に、何時に教室に来るから、その時には座っていなさいと書いておきます。

あとは、提出物を配膳台の上に出させますから、その位置を指定するぐらいですね。あとは、学級文庫を置きますね。学級文庫は300冊ぐらい置いてあります。小説やビジネス本やドキュメンタリーを主に置いています。毎年、新しいのを買います。

Q 11　それ以外で、準備しておいた方がいいことはありますか。

A　子どもの名前を覚えて、ノートを作って、あとは授業のノートを作ることですね。学級のノートと授業のノートと、子ども達一人ひとりのことを書くノート、事件簿みたいなものを私は作ります。日々の出来事や指導のプロセスを記録していくノートです。特に、支援が必要な子のデータはそこに全部一括して集めます。

加えて、「問題解決シート」を活用して情報収集しておきますね。あとは、自分の場合はギターを置いたり、アンプとスピーカーがラックになっているものを置いたりします。

Q 12　授業のノートには何を書きますか。

A　ルールや持ち物はもちろん書いておいた方がいいですし、発問指示、説明等話すことは全部書いておいた方がいいですね。「何を書くのですか」とよく聞かれますが、子どもに話すことは全部書きましょうというのが、一番の答えでしょうね。

ある年、自閉症スペクトラムで文字を丁寧に書くことにこだわり、運筆がものすごく遅い子がいました。一文字書くのに1分ぐらいかかっている。この子には、板書内容を私が自分のノートに記し、コピーして事前に渡していたこともありましたね。

春休み中にひと月分ぐらいの教材研究と授業案は書いておいた方がいいです。それだけで心の余裕が生まれます。

Q13 1日目についてです。長谷川先生は、全員の名前を1日目から呼んで褒めているとのことですが、どのようにしたらそういうことができるのでしょうか。

A まず生徒の名前を覚えていること。次に、必ず褒めると自己規定していること。この2点です。

出会いの初日、私は子ども達を迎えるために生徒昇降口で待っています。あの時間が一番いいんですよ、ばらばらに来ますから。全員がそろっている場所で一人ずつ褒めていたら間抜けでしょう。時間がもったいない。だから、私の場合は昇降口。そういう自分なりのポイントを作ればいいのではないですかね。

1日目は、入学式とか始業式を終えた後に20分とか30分しか学活がないから、基本的に書類を集めて配って終わりですよね。だから、自己紹介をして、方針演説をして、日記帳をプレゼントし、次の日にスピーチしてもらうからと指示して終わることが多いですね。その合間に子ども達とコミュニケーションを取りつつ、個別に褒めていくこともします。

Q14 出会いの場面の教室に向かう前に、もう既にトラブルが生じていた場合にはどうしますか。

A 以前、教室に入ったら女の子がうずくまって泣いているということがありました。そういうとき、私はまずは事情を聞きますね。でも、もう入学式が始まってしまいます。保健室に行きますかと聞くと大丈夫ですと言うから、全体に入学式の簡単なことを説明して、では行こうと誘い、そのまま入学式に向かいました。

加害者は誰かと聞いたら、その子は誰々だと言うけれど、指導している暇はないですよね。だから、後で指導するからと全体に告げて、まずは入学式を済ませます。入学式の前に叱ったって仕方がないです。

最初から、頭髪や服装でルール違反をしている子がいた場合には、基本的

には学年で指導するでしょうね。担任は他の子達を動かさないといけないわけだから、学年主任等手が空いている人が指導した方がいいですね。原則は「直して再登校」です。たとえ式に間に合わなくてもそうさせます。

Q 15　教室に入る時のことを教えてください。教室に最初に入る時はどのように入りますか。

A　「はい、おはようございます」と言います。「はい」がポイントです。いきなり「おはようございます」だと、生徒から返る声がそろわないのです。「はい」で気づかせるのです。

　入学式前でしたら、返事の練習をします。練習といっても、「入学式の返事は誰に聞かせますか」と問い、数名に答えさせ、「親です」と確定する。その上で何人かを呼名し、返事をさせて個別評定すればよいのです。何点、何点、何点と。

　中2中3では呼名しません。連絡事項だけです。始業式の説明はする必要がないですよね。必要なのは入学式の説明だけですね。入学式から戻ってきたら、配布物を配るなど学校で決まっていますよね。だから、学校で決まっている通りに進めます。

Q 16　最初から挑戦的な子達にはどのように対応しますか。

A　出会いの瞬間、いきなり「クラス替えはいつだ」と聞いてきた女子がいましたね。その時には、それは1年後だよと笑って返しました。他にも「リーダーなんか絶対やらない」と言ってきた子もいました。嫌な思いしかしていないから、と。その時には、「ふうん、いつまで続くかな。リーダーをやりたくなるかもしれないよ」と言いました。その子は、学級委員を経て、最終的に生徒会長になりました。

Q 17　朝、教室に行って、挨拶がちゃんとできなかったらどうしますか。

A　やり直させます。例えば、起立と言って、だらだら立っている子がいたら、「遅い、もう1回」。「まだ遅い、もう1回」。「今の半分の時間で」など

第10章　荒れた学校の「黄金の三日間」――生徒に見られている担任の行為

とアップテンポで、明るく、変化させつつやり直させるのです。最初はそれくらいやらないと生徒に負けますね。だらだら立つのは明確なアドバルーンですから。生徒が教師を試しているわけです。「こいつはどこまで許すのか」と。

礼の仕方も教えますね。「おはようございます」と言って、礼をするように指導します。礼で下を向いて「おはようございます」と言ったらおかしいです。床に挨拶してどうするんですか、という話です。

私の場合は「おはようございます」と言ってから礼。

それを全員分見て、私が「おはようございます」と言って、礼をする。それから朝の会を始めます。

当然、教師の礼は子どもと一緒にはやりません。子ども達を見てから、教師はワンテンポ遅れてするのです。

Q18　教師が前に立ってもおしゃべりや立ち歩きがあったらどうしますか。

A　「席に着きなさい」と言います。それでも着かなかったら、隣に行って着席を促します。生徒が教師の指示を聞くことを前提にして、集団教育を進めるのが我が国の学校教育のシステムです。集団行動をできるのにやらないと言うのであれば、フリースクールに行きなさいと言うこともあります。本校のルールに従えないのならば、別の学校に行きなさい。今はそれは可能だから、と。この学校で生活することを選ぶのならば、この学校のルールに従いなさい。これが、私が生徒指導主任としても、学年主任としても、担任としても生徒に言ってきたことですね。

もちろん、それだけを言っていたわけではありません。日常の、平時の関わりを大切にしています。だから生徒も話を聞くのだと思います。

それが基本です。最初から阿（おも）ねっては、集団形成はできません。チャイムが鳴ったら席に着きなさい。人が話す時は口を閉じなさい。当たり前のことを当たり前にやらせていくことです。年度当初の、きわめて大切な仕事の一つですね。

Q19　初日から多くの子を褒めるために、意図的にできることは何がありますか。

A 教えなくてもできていることを褒めればいいのです。こちらが要求していないのにできていることを一個一個、全部褒めればいい。立ったら椅子をしまえるのだねとか、返事が気持ちいいね、だとか、笑顔がさわやかだね、だとか。

人は悪いところなら努力せずに目につくし、目についたことを注意叱責するのも得意です。

しかし大事なのは、良い所を探そうと努め、認め、褒めて励ますことでしょう。

そのうえで、教えたことを教えた通りにやった子も褒めるといい。そのような方針で実践すれば、たくさん褒められると思いますよ。

褒めていくとおもしろいですよ。変化のある繰り返しで褒めていき、たまにオチをつけたりすると笑いが起きます。笑いがなくてはつまらない。私のクラスは常に笑いがあります。大切にしているのです。

Q 20 長谷川先生はその笑いと厳しさがあり、逆らえないような雰囲気があります。それは、自分ではどういうところからきていると思いますか。

A 生きてきた歴史かもしれません。いや、それしかないと思います。

研究と修養の積み重ねでそうなったとしか言いようがない。修羅場をくぐった数も意味を持っているでしょう。努力なしで、センスでどうにかなる世界ではありません。

言葉を真似してもそうならない、とよく聞きます。それは、言葉は枝葉であって、その枝葉は幹の在り方に規定されているからだと思うのです。幹とは人間そのものです。

雰囲気は滲み出てくるものですからね。学校内部の仕事に止まらず広く社会全体を相手にした仕事をしてきた結果としての、勝負焼けした表情や態度が生徒に何らかのメッセージを伝えているのかなと今は思います。

Q 21 他に黄金の１日目について何か話しておきたいことはありますか。

A 私がずっと言っているのは、「媚びない、ぶれない、動じない」なのです。

最初から媚びないこと。ぶれないこと。どんな反応がきても動じないこと。

例えば、子どもが座らないのであれば、「座りなさい」「今は座る時間です」「はい、座りなさい」「座らないと先に進みません」「何秒前。はい、始業式何秒前」「説明に5分かかるんだよな」「はい説明開始10秒前、9、8、はい、座りました。よし」って、カラッと明るく指導する。

何を大事にするのか、優先順位をつけておけばぶれません。

ノート作りの際に様々な事態を想定しておけば、動じなくてすみます。

私の場合、どんなことが起きても「そうきましたか」と口にして、まずは自分を落ち着かせます。その一瞬の間を作るだけで、その後の対応が変わります。冷静に、意図的にやれるのです。

Q 22 次に、2日目です。長谷川先生は子ども達にルールをどうやって教えますか。

A まず、学級にどんなルールが必要なのかを自分なりにもっておくことです。

その上で、朝から帰りの会までを子ども達にイメージさせます。

朝の会ではどんなルールがあったか。小学校の時はそうだったんだね、昨年度A組はそうか、B組はそうしていたのか、と確認していく。

そして、今はとりあえずこうしておきますと仮に決める。場面毎に一個一個ルールを決めていくのです。高速で。

それで、後々変える際は、これは変えますと全員に伝えます。全員のいる場所で「変えます。理由は」と宣言する。これも予告しておきます。

何か支障があったら変えるけど、当面の間はこれでいきますという形でやれば、ルール決めは5、6分で終わります。

子どもから出させるのがいい。こちらは交通整理をしてやるのです。

Q 23 当番決めや委員会決めの流れはどうしていますか。

A 当番や委員会も学校で決まっていることですよね。黒板に書いて、立候補ですと言い、仕事名の横にネームプレートを貼らせて、重複したら所信表明をさせて、じゃんけんをさせて決めます。

委員会の立候補がいなかったら、待ちます。これはクラスから必ず出さないといけないからと趣意説明して待ちます。

　男子学級委員を決めるまで、3時間待ったこともあります。もちろん、ただ待つだけでなく様々な活動を進行させながら、ですが。

　推薦制は採用しません。口裏合わせで嫌々やらされている生徒を、同学年でも他学年でも複数見てきましたから。未熟な集団で行う推薦や選挙は、強制や人気投票に堕すのです。

　私はあくまで、決意ある人間の立候補で決めますね。それがベストだとは思いませんが、十数年間の子どもの事実がありますから。

Q24　他に、所信表明などで話すことはありますか。

A　日記を書きなさいと言いますね。

　目的の一つは私の生徒理解を深めること。

　二つめは生徒に私という人間をより深く知ってもらうこと。

　三つめが日記に書かれる文章を学級通信で意図的計画的に紹介することによる学級集団形成促進。

　四つめが文章力向上。

　まずはこの趣意説明をします。

　それから、過去に日記を継続して結果を出してきた子ども達のエピソードを幾つか短く語る。

　最初は短くてもかまわないから、毎日続けなさい、続けるところから始めましょうと言います。

　係活動についても話しますね。係活動のおもしろさをイメージさせる。やりたいものがあるかと言って話し合わせて、企画書を書かせて、討議で立ち上げを決定します。それを2日目にやらせるでしょうね。

　あとはたとえば、学級委員が決まったら言うでしょうね。学級委員に文句があるんだったら、私に直接言いなさい、陰口は叩くな、と。

　学級委員は私の分身であり、私がこの学級の最終責任者です。だから私に言ったり、書いたりしなさいねと説明します。

　学級委員の指示したことには全部従いなさい。従えない理由があるなら私に言ってきなさい。こうやって、リーダーを守る姿勢を示します。

私の場合、指導困難な生徒集団を担当することが多く、その場合、リーダーなどほとんどの生徒がやりたくないわけです。そんな中でも立候補してくれた生徒のことは、何があっても守る。そして、伸ばす。学級委員を務めなければ絶対に身につかない力を身につけてやる。
　他にはフォロワーとリーダーの責務の違いも教えます。良きフォロワーしか良きリーダーになれない、などの話です。

Q25 長谷川先生は、学級通信に書いたような自己紹介を、たとえば、他の学級でもしますか。

A 自分の経歴その他の話は自分のクラスでしかしないです。授業には不必要な情報ですから。
　私は授業で、生徒の自己紹介もやらせません。よく最初の１時間を自己紹介でつぶす先生がいますよね。授業準備をしなくて済むからそうするわけです。あれは私からすると、時間の無駄です。
　私はいきなり授業をします。授業の中で関係を作っていきます。
　小さな成功体験を山ほど積ませていきながら、個々の自己肯定感を高め、意欲をひっぱり出していくのです。

Q26 子ども達が人間関係を構築していくために、たとえばエンカウンターとかはしますか。

A 子どもの実態に合った、価値ある活動ならばやります。それで集団が劇的に変わるということはありませんが、手段は多い方がいいですからね。
　黄金の三日間のうちは、「ふれあい囲碁」や「五色百人一首」、あるいは「五色名句百選かるた」等の教材を使って関係性を紡ぐことは必ずします。楽しい活動の中で教えるべきを教えていくのです。

Q27 学級目標はどのように決めていますか。

A 学級目標はとても大事です。これは３日目でもいいです。じっくり決めてもいい。

学級目標づくりを丁寧に行うのはとても大切です。目標通りに進んでいるか。目標にそぐわないことをしていないか。足を引っ張るようなことをしていないか。1年間の活動は、すべて学級目標に規定されるのです。

決め方はいろいろあっていいでしょう。私の場合は一人ひとりに書かせ、板書させ、そこから討議で決めていく形がスタンダードです。

決める際に大事なポイントが1点あります。それは、教員も含めた全員で納得して決めるということです。コンセンサスをとるということです。全会一致でこれだというふうに決めるということです。

そうすれば、みんなで決めた目標という形になるでしょう。その目標に向かって歩いていく過程で起きるいろいろな事件、それらを解決する際に、「それは、目標にふさわしいのか」という根本的な問いを出せるのです。指導が一貫するのです。ぶれないのです。これは非常に重要です。

こういう学校生活をしたい、こういう学級を作りたいというのが目的で、だから、この学級をこうするというのが学級目標ですね。

1年間の生活の目的と目標をじっくり考えさせるというのは、2日目、3日目の指導の肝だと私は考えます。

Q 28　3日目のポイントは何がありますか。

A　特に入学してきたばかりの時などは特に子ども達は不安です。だから、不安のグルーピングを防止するために、楽しい授業が必要なのです。楽しい授業をしながら、ルールを一個一個、たとえば発言の仕方だとか、ノートの見せ方とか、「立つより返事」とか、友達の話を聞いてメモすることだとか、学級に必要なことは、全部授業の中で教えていくのがいいです。説教で教えるのではなく、です。

だから、早く授業をやる必要がある。しかも、楽しい授業をやる必要があります。

だから、優れた授業の追試が必要だとか、大切だと言われるのです。楽しいからルールが入る。それが3日目のポイントですね。

Q 29　授業のルールは最初にまとめて説明するのではなく、楽しく活動しながら教えていくのがいいのでしょうか。

第10章　荒れた学校の「黄金の三日間」——生徒に見られている担任の行為

A　そうすることで、ルールが着実にインプットされるのです。最初に膨大な説明をしても、子どもの頭には残らないはずです。指導の原則どおり、一時に一事で教え、やらせ、確認し、褒めて定着させるのです。

　もちろん、他にきっちりインプットさせ得る方法があるならば、それでもいいと思います。教育技術にベストはありませんから。

　たとえば、授業の時に忘れ物をしてしまった子には貸せばいい。

　それは授業開始時に言うのです。「今日は～～を使いますけれども、忘れた人いますか」と。忘れた子がいれば、授業で忘れ物の対処法を教える。こういう場合には、「赤鉛筆を忘れました、貸してください」と言いますと教えてあげればいい。それで、貸したら「ありがとうございます」と言うように教える。それを授業開始前に申し出るのがルールだよ、と告げるのです。

　借りた物はどうしますかと問えば、「返します」と答えますよね。

　授業の最後にお礼を言って返します、と教える。私の場合、このように全体指導をします。

　その上で、連続して忘れるようならば個別に呼んで、「いつまでに用意できますか」と聞く。次の授業の開始前に呼んで確認する等の指導を入れますね。

Q 30　1日目から、年間を通して使うような教材・教具、授業パーツを全部入れていきますか。

A　50分しかないのですから、全部は入れられませんね。1日目に扱うべきは、教科書の使い方、ノートの使い方と書き方、筆記用具について。これは定石でしょう。あとは楽しい授業で熱中させます。楽しみながらの方が、ルールも身につくのです。筆記用具については、私は、鉛筆と赤鉛筆とミニ定規しか使わせませんから、それだけでよいと告げます。次のように、です。

「筆箱、筆入れは机の上に出す必要はありません。机は狭い。筆箱が落ちるとそれまで一所懸命作ってきた緊張感だとか一体感だとかが壊れます。だから、机の上には起きません。置くのは鉛筆と赤鉛筆とミニ定規だけでけっこうです。ではその状態を作りなさい」

「国語の始まりにはこの状況を作ります。ちなみに教材は漢字スキルと下敷

きがあればけっこうです。では、漢字スキルと下敷きを出しましょう。はい、筆記用具も置けたし、スキルも置けたし、これが国語の時間の最初の状態。この状態で授業に臨みます」と教えます。

　教科書の使い方は、たとえば目次の使い方ですね。目次を使うのは大切なスキルです。だから、「『走れメロス』を開きなさい」と指示して競争させます。それで、次から次へと題名を言って、開いたら立ちなさいと指示します。子ども達が「はい」「はい」「開きました」「開きました」「開きました」と反応しますから、速いなぁと褒めます。それを三つ四つやった後に、速い生徒に「○○さん、なんでそんなに速いのですか」と問う。「探し方にコツがあるはずですよね」と聞く。

　そうすると、「目次を使っています」という返事が来るから、「目次ですか、目次はどこにありますか」と確認して、「表紙を開くと、3ページにあります。みなさんで開いてごらんなさい」と教える。

「なるほど、ここを使うと一瞬で目的地に辿り着けますね、それはとても大事なことです。じゃあ、やってみましょう」と告げて、一つ二つ題名を告げ、そのページを探させます。

「そう、これが教科書の大事な使い方です。では、もう1回、目次に戻りなさい。1学期はおおよそ○○までを扱います。2学期は□□くらいまでを扱う予定です。あとは3学期です」

　見通しを持たせます。「ただし、教科書だけを授業するわけではなく、楽しい、読んで勉強になる、実力が上がる教材は外からどんどん入れていきますから、お楽しみにどうぞ」などと伝えますね。

　ノートについては「ノートは2冊使います」と最初に言います。「1冊は授業のノート。1冊は評論文のノート。評論文のノートについては後々説明しますから、当面は1冊用意しておくだけでけっこうです」と言い、準備をさせます。私の場合、学年費でまとめて買っておきます。同じノートを全員に使わせるのです。ノート指導はこれでばっちりです。ノートの使い方を指導することは、学力向上の必要条件です。

「授業のノートは、このように縦置きに使います。まず日付を書きます。次にタイトル欄に指を置きなさい……」という流れです。

「では実際に私が書くように書いてごらんなさい」と指示し、俳句等を板書して写させる。発問は赤鉛筆で囲ませる。確認して褒める。そういう指導を

します。

Q 31 前年度、うまくいかなかった子達をまた担当することになったときに気を付けた方がいいことはありますか。

A まずは、うまくいくように自分自身を変えることです。相手を変えることはできませんから、相手に対応できるだけの自分を作るのです。

表情を変える、言葉を変える、対応の引き出しを山ほど持つ。

そして、その子達を巻き込めるような活動をたくさん組むことです。関係が崩れているのならば、みんなの前で褒めるかどうかは別として、小さな成功体験を連続して保障して、認め、褒める。その積み重ねですよね。

春休み明けや夏休み明けに、「この先生は変わったな」と思わせるくらい勉強することが大事でしょうね。私は毎年そうやって自分を高める努力をしています。

勉強すると伸びる、努力すれば向上するという事実を、まずは教師が身をもって示していく。

失った信頼や尊敬は、その過程で取り戻せるのだと信じます。

Q 32 他に、黄金の三日間を通じて言っておきたいことはありますか。

A 子ども達のがんばりは、メモか何かに書いておいて、学級通信で褒めてあげたい。親御さんにも一筆箋で伝えたい。心底感動したことは校長先生にも褒めてもらうように動く。それをまた通信か何かで形に残しておく。

そういう地道な作業が大事ではないでしょうか。

また、進んで先生の近くに来ない子達を大事にしてやる必要があります。休み時間に先生のところにぞろぞろ寄ってくるような子は、何もしなくても寄って来てくれるのです。

一方、端の方にいる子とか、一人でいる子とか、アドバルーンを上げ続ける子達だとか、そういった子どもをちゃんとアセスメントし、その子達にどうやって関わっていくか、いかに関係性を向上させていくかを常に念頭に置きながら3日間を過ごし、4日目以降も継続するのがよいと考えます。

4日目以降の過ごし方で大切なのは、3日間で教えたことを徹底させるこ

とです。指示したことはやらせ切ることです。

　多くの場合、3日間で詰め込み過ぎて、先生が忘れてしまうのです。3日間で何を教えたかを。3日間の準備ばかり一所懸命やって、それで力尽きてしまう。

　そうではなくて、大事なのは4日目以降。1年間のための3日間なのだから、そこで教えたことがどれだけできているのかを確認し、できている子を大いに褒めてあげたりとか、活動別にＡＢＣ評定してみたりだとか、達成度をパーセンテージで表したりだとか、そういうチェック、促進機能を教師自身が担うことが肝要です。

　例えば、靴箱です。「3人、踵が揃っていませんでした。我こそはと思う人は、直してらっしゃい。あるいは、『え、私、微妙かも』っていう人も直してらっしゃい」って言うと、だいたい10人ぐらい出ていきます。残った子達と楽しく話をして待つ。靴箱に行った子達が戻ってきたら「よくできました」と褒めてあげればいい。明るくやることです。それを3回ぐらいやったら、だいぶ定着します。

　明るく対応するのだけれど、言ったことはやらせ切ることが大事ですね。指示したことはやらせ切る。ぶれない。媚びない。これが一番大事ですね。

　ここで、発達障がいの子達で、指示したことをやろうとしてもできない子達にどんな支援をするのかということが、また別個の話になってきますね。

　例えば自閉の子で、こだわっていることがあるとする。そのこだわりを直させるようなことをやっても短期間では無理なわけです。人間関係も崩れます。そういうときはどう対応しようかとか、学年職員とどう連携しようかとか、そういうことは熟考し、共有しておく必要がありますよね。職員とだけでなく、支援を要する子ども本人とも、です。

　例えば授業開始前に「今日はこんな活動をするけど、それが苦手だったらば私を呼びなさいと」とか、「こういう合図を送りなさい」などと言っておく。授業の始まる前に言っておけば、トラブルを未然に防げることも多いのです。

　教師が想像力を働かせて、見通しをもって先手を打つ。

　子どもを教え育むためには、3日間のみならず、日々が想定と具体的準備の連続なのでしょうね。

　私も更に精進します。共にがんばってまいりましょう。

黄金の三日間までの準備チェックリスト　学級経営編

	3月　春休み中　黄金の三日間ノートを作る
学級システム	**POINT ①　本を読む** □「授業の腕を上げる法則」を読む。　□「学級を組織する法則」を読む。 □「子どもを動かす法則」を読む。　　□線を引きながら読む。 □参考になるところを書き出しながら読む。 □「教室ツーウェイ」4月号のバックナンバーを読む。 **POINT ②　先行実践を学ぶ** □TOSSランドを見る。　　　　　　□道徳の授業を準備する。 □実践したいものをプリントアウトする。 □隙間時間に行う授業・ミニレク・アイスブレーキングを準備する。 **POINT ③　学級のシステムを計画する** □給食のシステムはどうするか書き出す。 □掃除のシステムはどうするか書き出す。 □朝の会、帰りの会のメニューを書き出す。 □忘れ物をしたときにどうするか書き出す。 □それらのシステムを子ども達にどう伝えるか書き出す。 □方針演説の言葉を考える。
子どもへの対応	**POINT ①　子どもを褒める場面を考える** □授業で褒める場面を書き出す。　□廊下で褒める場面を書き出す。 □掃除で褒める場面を書き出す。　□給食で褒める場面を書き出す。 □どのように褒めるのか書き出す。 □どのような表情で褒めるのか練習する。 □どのような言葉で褒めるのか練習する。 □褒めた後どうするのか考える。 **POINT ②　子どもを叱る・注意する場面を考える** □子どもが指示通りに動かない場面を想定する。 □その場合の対応を考える。再度指示を出す。別の説明を入れる。 　指示通り動いている子を褒める、など □どのようなときに叱るのか書き出す。 □どのようにして叱るのか書き出す。 □叱った後の対応を考える。　　　□何のために叱るのか考える。
準備物	**POINT ①　教室に置く教具を注文する** □五色百人一首を注文する。　　　□ふれあい囲碁を注文する。 □ペーパーチャレランを注文する。　□くるりんベルトを注文する。 □ソーシャルスキルかるたを注文する。　□名句百選かるたを注文する。 **POINT ②　教室を設計する** □机の配置図を考える。　　　　　□教卓の置き場所を考える。 □掲示物の貼り場所を考える。　　□学級文庫の置き場所を考える。 □棚の置き場所を考える。　　　　□子ども達の荷物の置き場所を考える。 **POINT ③　学校での服装を準備する** □スーツを新調する。　　　　　　□ジャージを買う。 □靴・上履きを買う。　　　　　　□給食用のエプロンを買う。

4月　始業式前　実際にイメージして動く

学級システム

POINT ①　教室づくりをする
- □教室を掃除する。
- □壁・床を触って突起物がないか確認する。
- □机の高さ調節をする。
- □電灯が切れていないかチェックする。
- □必要最低限の掲示物を作る。
- □子どもの動線を考えて教室で動いてみる。
- □机を一つ一つ拭く。
- □壁は汚ければ塗る。
- □机を並べ変える。
- □黒板をきれいに拭く。
- □カーテンをつける。

POINT ②　1日の流れを書き出す
- □学校の時程を書き出す。　　□子どもの1日の動きを書き出す。
- □朝、子ども達を迎えるときにどこにいるのか？
  教室に行く前にチェックすべきところはどこか？
  朝読書では教師はどこにいるのか？　さようならをした後は？
  すべての動きをイメージする。
- □実際にノートに沿って動いてみる。

子どもへの対応

POINT ①　子どもの名前を覚える
- □名簿を見て覚える。　　　　□座席表と照らし合わせて覚える。
- □顔写真を見て覚える。　　　□要録を読む。
- □小学校から卒業アルバムを借りる。　□卒業文集を読む。
- □一人ひとりへの対応を考え、書き出す。

POINT ②　前年度担任から引き継ぎをする
- □子ども一人ひとりの特徴を聞き、ノートに書き込む。
- □問題のあった子どもはどのような場面で問題が起こったのか聞く。
- □モンスターペアレントがいないか確認する。
- □仲が良い生徒、悪い生徒の情報を聞く。
- □中学校の場合には小学校から情報を集める。

POINT ③　発達障がいの子どもをチェックする
- □どのような特徴があるのか確認する。
- □医療とつながっているか確認する。　□保護者の協力体制を確認する。
- □昨年までに起こったトラブルを確認する。
- □そのときの対応、反応を記録する。
- □必要であれば事前に連絡をとる。家庭訪問・電話・面談
- □必要であれば事前に学校に来てもらい、学校を一緒にまわる。

準備物

POINT ①　教材を注文する
- □画用紙などを注文する。　　□集金袋を用意する。
- □発注するものの一覧表を作る。　□学年で統一するものを確認する。
- □文房具は1年分買っておく。

POINT ②　学級通信を書く
- □子どもたちの名前を入れたものを書く。
- □担任としてどんな学級にしていきたいかを書く。
- □保護者の方へのメッセージを書く。
- □1週間の予定を書く。

4月　始業式〜　笑顔で子どもを褒める

学級システム

POINT ①　学級の細かなルールを築く
□朝、教師が来るまで子ども達はどのように待つのか教える。
□調子が悪いときにはどのように伝えるのか教える。
□トイレに行きたいときにはどうするか教える。
□配布物を渡すときにはどのようにするのか教える。
□一通り説明をし終わってから子どもから質問を受ける。
□答えるときには全体に一斉に答える。

POINT ②　学級のシステムを機能させる
□掃除の仕方を教える。役割分担、掃除の手順、掃除道具の使い方、反省会の仕方、掃除が終わった後の動き方を教える。
□給食ではどのようにするのか教える。給食当番の仕事、配膳係の仕事、お代わりの仕方、食器の返し方を教える。
□提出物の出し方を教える。
□説明する言葉を書き出し、練習しておく。
□教師がやって見せる。　　　□子どもにやらせてみる。
□できていたことを褒める。　□できていなかったことを教える。
□個別に評定する。　　　　　□やろうとしたことを褒める。
□チェックするシステムを作る。

子どもへの対応

POINT ①　出会いの初日に褒める
□子どもと出会った瞬間、名前を読んで褒める。
□挨拶をしたことを褒める。　　　　□席についていたことを褒める。
□返事がよかったことを褒める。　　□1日目で全員と話す。
□できれば1日目（黄金の三日間の間）で全員を褒める。
□その場で褒める。　□一筆箋で褒める。　□帰りの会で褒める。
□学級通信で褒める。　□教師が笑顔で元気に過ごす。

POINT ②　アドバルーンをつぶす
□言ったことは必ずやらせる。
□子どもが指示通り動かない場合には緩やかに詰める。
□やっていない子を立たせる。　　□短く毅然と叱る。
□叱った後は切り替えて明るくする。
□他人をバカにする言動は見逃さず、その場で叱る。
□教師の言った一言一言がルールになると自覚する。

準備物

POINT ①　語りを準備する
□エピソードを語る。具体的な場面をイメージするように話す。
□様々な場面での語りのネタを本やTOSSランドで集めておく。
□短く静かに語る。練習をする。

POINT ②　学級通信を書く
□黄金の三日間は毎日出す。
□子どもたちの様子、よい行いを具体的に書き、褒める、
□名前を入れて褒める内容を書く。

黄金の三日間までの準備チェックリスト　授業編

	3月中　春休み　授業のあらゆる場面をイメージする
授業準備	**POINT ①　本を読む** □「授業の腕を上げる法則」を読む。　　□ノートに気づきを書き出す。 □「教室ツーウェイ」「向山型国語教え方教室」 　「向山型算数教え方教室」のバックナンバーを読む。 □授業についてのページをコピーし、ノートに貼る。 **POINT ②　授業のネタを集める** □TOSSランドを見る。 □実践したいものをプリントアウトし、ノートに貼る。 □隙間時間に行うミニ授業を準備する。口に二画・東の中にある漢字、 　漢字文化、4m＋2の授業、○を分ける授業など。 □道徳の授業を準備する。TOSSランド、TOSS道徳の本、他、 　授業の情報を本から得る。 **POINT ③　教具を注文する** □個人で持つ教具を注文する。百玉そろばん、掛け算九九尺、 　社会科・英単語フラッシュカードなど。 □どの場面で何が必要か考え、書き出す。
授業規律	**POINT ①　授業前のルールを決める** □授業前の様々な場面を想定し、ノートに授業の規律を書き出す。 □子どもは授業が始まるまでに何をしておくのか決める。 □忘れ物をした場合にはどうするのか決める。 □先生から物を借りるときにはどうするか決める。 □授業開始時の挨拶はどうするか決める。 **POINT ②　授業中のルールを決める** □授業中に使っていい文房具は何か決める。 □筆箱はどんなものを使ったらいいのか決める。 □授業中の発言はどのようにさせるのか決める。 □ノートを持ってこさせるときの道順を決める。 □授業中の話し合いのルールを決める。 □授業中、机の上に出してよいもののルールを決める。 □これらの一つ一つを書き出し、その中で優先順位を決め、 　ABCランクをつける。 **POINT ③　授業後のルールを決める** □借りたものを返すときにどうするのか決める。 □宿題は出すのか決める。出した場合はチェックの方法を決める。 □テストのときにはどうするのか決める。
授業力向上	**POINT　授業の基礎技術を練習する** □音読指導の練習をする。　　□フラッシュカードのめくり方を練習する。 □ノートの書かせ方を練習する。 □板書の書き方・姿勢を練習する。 □優れた授業の発問・指示をそっくりそのままの形で模擬授業をする。 □人に練習を見てもらい、コメントをもらう。

4月　始業式前　授業計画を具体的に立てる

授業準備

POINT①　1単元分の授業を準備する
□国語算数理科社会の1単元分の授業案を考える。
□TOSSランドで該当学年のページをチェックする。
□プリントアウトしてノートに貼る。
□発問・指示の言葉を書き出す。
□子どもにどんなノートを書かせたいのか、実際に書いてみる。

POINT②　第1時間目の言葉を書き出す
□第1時間目の授業で話す言葉を、すべてノートに書き出す。
□国語の授業では最初に何を教えるのか考える。
□算数の授業では最初に何を教えるのか考える。
□とびらの絵をどのように扱うのか考える。
□目次の使い方をどう教えるのか考える。
□脚注の使い方をどう教えるのか考える。

POINT③　教材を発注する
□教材採択で、自分が使いたいものを学年の先生に伝える。
□あかねこ漢字スキル、あかねこ計算スキル、
　TOSSノートなど必要な教材を発注する。

POINT④　年間指導計画を立てる
□年間指導計画を書く。1年間のおおよその進度を確定する。
□1学期の計画を立てる。　　□4月末までの計画を立てる。
□時間割を確定する。　　　　□週案を書く。

授業規律

POINT①　学校のルールを確認する
□学校で統一されている授業ルールを確認する。
□授業開始の礼はどうなっているのか確認する。
□特別教室の使い方・割り振りはどうなっているのか確認する。
□専科の先生と打ち合わせをする。教室でのルールと専科の
　ルールのずれは少ない方が良い。
□これらを踏まえ、再度ノートにＡＢＣをつけ、授業中のルールを決定する。

POINT②　気になる子への対応を決める
□学級で低学力の子どもをチェックする。
□前担任から話を聞き、昨年度の対応を確認する。
□特別支援の必要な子どもをチェックする。
□その子が何を得意としていて、何を苦手としているか確認する。
□その子を授業で活躍させる場面を考える。

授業力向上

POINT　1時間目の練習をする
□発問・指示をノートに書き出し、本番のつもりで練習する。
□発問・指示の言葉が100回言っても変わらないようにする。
□実際に教室で子どもをイメージして練習をする。
□ビデオに撮って自分の授業の姿を見る。
□笑顔の練習をする。鏡の前で毎日練習をする。

4月　始業式〜　笑顔で子どもを褒める

授業準備

POINT①　前年度の学力調査を実施する
- 前年度までの簡単な計算テスト、漢字テストを実施する。
- どのくらいの基礎学力が身についているのか、
  4月の時点での正確なデータを得る。
- 可能であれば知能テストとNRTを実施し、実態を把握する。

POINT②　子どもを褒める。笑顔で授業する
- 授業前に教科書を準備していたら褒める。
- 挨拶の声が元気良かったら褒める。
- 返事がよかったら褒める。　　□文字を丁寧に書いていたら褒める。
- 指示通りに動いていたら褒める。
- 褒め言葉を100書き出す。声に出して練習する。

授業規律

POINT①　ルールは褒めて教える
- 返事の仕方を教える。大きな声で返事をした子を褒める。
- 答え方を指導する。「〜です」という言い方を教える。
- 発言するときには立って椅子をしまうことを教える。
- 教科書は両手で持つことを教える。
- プリントの送り方、「はいどうぞ」「ありがとう」の声かけを教える。
- ノートは丁寧に書くことを教える。ミニ定規を使って書かせる。
- ノートを持ってくるときの道順を教える。一方通行にする。
- ノートを出すときの出し方を教える。先生の方を向けて出す。
- 説明ではなく、作業をさせるなかでルールを理解させる。
- 次の時間、指導したことができている子を立たせ、褒める。

POINT②　アドバルーンをつぶす
- 言ったことは必ずやらせることを意識する。→指示を厳選する。
- 「赤鉛筆」と言ったのに赤ボールペンを使っていたらどうするか考える。
- 授業中におしゃべりが止まらない子どもをどうするか考える。
- 指示通りに動かない子どもをどうするか考える。
- 物の貸し借りをしていた場合にどうするか考える。

POINT③　個別対応
- 授業が始まる前に声をかける。褒める。
- 授業の準備を一緒にする。　　□ノートに薄く日付を書いてあげる。
- 黄金の1時間目の授業で褒める。　□赤鉛筆指導をする。
- その子が活躍する場面を授業で作る。

授業力向上

POINT　授業を録音・録画する
- 授業のテープ起こしをする。
- 録音したものを文字起こしして、余計な言葉を黒で塗りつぶす。
  無駄な言葉を削る練習をする。
- ビデオを見て、自分の授業中の目線を見る。
  自分が見えていないところを確認する。
- 人に見てもらい、足りないところを教えてもらう。

◎執筆者一覧

長谷川博之	埼玉県秩父市立尾田蒔中学校
星野優子	埼玉県さいたま市立宮前中学校
森田健雄	埼玉県さいたま市立三室中学校
尾堤直美	埼玉県春日部市立武里中学校
間　英法	新潟県新潟市立新津第一中学校
広瀬　翔	山梨県南アルプス市立甲西中学校
上野一幸	福島県天栄村立湯本中学校
岡　拓真	宮城県石巻市立飯野川中学校
柴山　悠	滋賀県彦根市立西中学校
横田　智	神奈川県横浜市立平戸中学校
伊藤圭一	埼玉県三芳町立三芳東中学校

編著者略歴

長谷川博之（はせがわ　ひろゆき）

1977年1月17日生。早稲田大学卒。現在埼玉県熊谷市立奈良中学校勤務。NPO法人埼玉教育技術研究所代表理事。TOSS埼玉志士舞代表。日本小児科連絡協議会「発達障害への対応委員会」委員。全国各地で開催されるセミナーや学会、学校や保育園の研修に招かれ、講演や授業を行っている。また自身のNPOでも年間20回ほどの学習会を主催している。主な著書に『クラス皆が一体化！　中学担任がつくる合唱指導』『子ども・保護者・教師の心をつなぐ"交換日記＆学級通信"魔法の書き方と書かせ方』『"就学時健診"から組み立てる発達障害児の指導』（以上、明治図書）『中学校を「荒れ」から立て直す！』『生徒に『私はできる！』と思わせる超・積極的指導法』（以上、学芸みらい社）等がある。
E-mail:hirobing@mx1.ttcn.ne.jp

中学の学級開き
黄金のスタートを切る3日間の準備ネタ

2016年1月15日　初版発行
2024年4月25日　第11版発行

編著者　長谷川博之
発行者　小島直人
発行所　株式会社 学芸みらい社
〒162-0833 東京都新宿区箪笥町31 箪笥町SKビル3F
電話番号 03-5227-1266
https://www.gakugeimirai.jp/
E-mail : info@gakugeimirai.jp
印刷所・製本所　藤原印刷株式会社
ブックデザイン　荒木香樹

落丁・乱丁本は弊社宛お送りください。送料弊社負担でお取り替えいたします。

©Hiroyuki Hasegawa 2016　Printed in Japan
ISBN978-4-908637-07-0 C3037